Marcel Metzger

Geschichte der Liturgie

Vom Verfasser autorisierte Übersetzung
aus dem Französischen
von Andreas Knoop

Ferdinand Schöningh
Paderborn · München · Wien · Zürich

Die Deutsche Bibliothek – CIP-Einheitsaufnahme

Metzger, Marcel:
Geschichte der Liturgie/Marcel Metzger
Aus dem Franz. von Andreas Knoop. –
Paderborn; München; Wien; Zürich: Schöningh.
1998
(UTB für Wissenschaft: Uni-Taschenbücher; 2023)
ISBN 3-8252-2023-0 (UTB)
ISBN 3-506-99488-3 (Schöningh)

Gedruckt auf umweltfreundlichem, chlorfrei gebleichtem
und alterungsbeständigem Papier ∞ ISO 9706

(Verlag Ferdinand Schöningh GmbH, Jühenplatz 1, D-33098 Paderborn)
ISBN 3-506-99488-3

Printed in Germany
Herstellung: Ferdinand Schöningh, Paderborn
Einbandgestaltung: Alfred Krugmann, Freiberg am Neckar

UTB-Bestellnummer: ISBN 3-8252-2023-0

Inhalt

Einleitung

„Wenn du das Volk aus Ägypten herausgeführt hast, werdet ihr Gott an diesem Berg verehren“ (Ex 3,12).[1] Dieses den Gottesdienst ankündigende Wort ist eine der Offenbarungen, die Mose auf dem Berg Horeb (Sinai) zuteil wurden, in der Episode des brennenden Dornbusches (Ex 3). Nach dem christlichen Pascha fand es Eingang in die Rede des Stephanus, diesmal aber versehen mit einer Anspielung auf den Tempel: „Nachher werden sie ausziehen und mir an diesem Ort dienen“ (Apg 7,7).

Das ganze Mysterium des Bundes tritt in diesen wenigen Worten zutage. Gott war Abraham und seinen Nachkommen erschienen, dann Mose und dem Volk, das er von der ägyptischen Knechtschaft und dem Kult um das Goldene Kalb befreite: er hatte sich zu erkennen gegeben, hatte eine einzigartige und eifersüchtige Beziehung zu diesem Volk geknüpft. Die Ermahnungen, die man im Buch Deuteronomium findet, weisen ständig darauf hin: „Und nun, Israel, was fordert der Herr, dein Gott, von dir außer dem einen: daß du den Herrn, deinen Gott, fürchtest, indem du auf allen seinen Wegen gehst, ihn liebst, und dem Herrn, deinem Gott, mit ganzem Herzen und mit ganzer Seele dienst; daß du ihn fürchtest, indem du auf die Gebote des Herrn und seine Gesetze achtest, auf die ich dich heute verpflichte. Dann wird es dir gut gehen“ (Dtn 10, 12-13; vgl. auch 6,13; 10,20; 11,13; 13,5; Jos 22,5; 24,14-24; usw.).

Das Volk nimmt den angebotenen Bund an, indem es Gott „dient“. Zunächst so wie andere Völker auch, durch einen Opferkult. In den Verhandlungen des Mose mit dem Pharao, in denen er mit den zehn Plagen droht, wird dieser Kult als der Hauptgrund für den Auszug aus Ägypten genannt: „Laß uns drei Tagesmärsche weit in die Wüste ziehen und Jahwe, unserem Gott, Schlachtopfer darbringen, damit er uns nicht mit Pest oder Schwert straft“ (Ex 5,3; vgl. auch 3,18; 7,16.26; 8,4.16.23; 9,1.13; 10,3.24). In diesem Bericht wird unter Gottesdienst also verstanden, „daß mein Volk mir dient und dem Herrn Opfer darbringt“.

[1] A.d.Ü.: Bei Bibelzitaten wurde auf die *Einheitsübersetzung* zurückgegriffen.

Im Buch Levitikus werden detailliert die zahlreichen Opfer beschrieben, mit denen die Priesterklasse im Namen des Volkes Gott diente. Dieses Ritual wurde noch zu Jesu Zeiten praktiziert, und Zacharias, der Vater Johannes' des Täufers, wirkte dabei mit (Lk 1,8-10). Täglich wurden auf dem Opferaltar im Tempelbezirk geschlachtete Tiere dargebracht. Man diente Gott, indem man ihm etwas zu essen darbot, man überließ ihm die besten Stücke, die man verbrannte und in Rauch aufgingen ließ, der als Wohlgeruch zu ihm aufsteigen sollte (Gen 8,21; Ex 29,18; Lev 1,9; usw.).

Doch mit der Ankunft Jesu hat sich die Situation grundlegend geändert: Seit dem Letzten Abendmahl, am Abend vor der Passion und Auferstehung seines Sohnes, gibt Gott seinem Volk zu essen und bereitet ihm den Tisch. Gewiß, dies war schon lange von den Propheten und Weisheitslehrern verkündet worden (Jes 55; Spr 9,5; usw.). Doch in Jesu, dem vom Himmel herabgekommenen lebendigen Brot (Joh 6,51), ist der Neue Bund seit der Auferstehung (Mk 16,14; Joh 21,12-13) wirklich geworden in Gestalt eines Mahls, das Sonntag für Sonntag gereicht wird, bis zum Tag der ewigen Hochzeit (Mt 25,1-13). Jesus, der Knecht des Vaters, lehrt sein Volk den neuen Gottesdienst, aber gleichzeitig geschieht das Unerhörte, daß er, der Herr, am Tisch bedient (Lk 12,37): mit ihm hat der Gottes-„Dienst" eine völlig neue Gestalt bekommen.

> Letzten Endes sieht man also, daß „Gott dienen" nicht mehr nur darin besteht, die kultischen Handlungen zu vollziehen; vielmehr ist es eine Verpflichtung des Menschen, der er in allen seinen Handlungen nachkommen muß. Zwar mag der Kult die höchste Form des „Gottesdienstes" sein, doch insgesamt erstreckt sich dieser von der Arbeit der Hände bis zur Verehrung im Gebet ...
>
> Aus dem „Dienst" ist so eine Gestimmtheit von Herz und Geist geworden, die den ganzen Menschen ergreift, eine Haltung und ein Leben, die von einem tiefen Glauben beseelt werden, eine religiöse Empfindung, die als Selbsthingabe, Ergebenheit, achtsamer Gehorsam und vollkommene Treue das ganze Dasein erfüllt. Dieser „Dienst" ist nichts anderes als die Liebe, die aufopferungsvolle Suche nach dem geliebten Herrn, der Eifer, „seine Gebote zu halten". Letztere sind Worte und Tatsachen des Alten Testaments, die im Neuen Testament ihre Erfüllung finden. Denn Jesus ist der eigentliche „Knecht Gottes" und „in Jesu Christo" können, so sie wollen, auch seine Jünger, die Christen, Gott in Wahrheit „dienen".[2]

Am Ende einer langen Entwicklung, die unter der leitenden Hand Gottes geschieht, ist der Bund nicht mehr nur in blutigen Opfern

---

[2] G. Auzou, *De la servitude au service,* Paris: L'Orante, 1961, S. 81 f.

sichtbar, die allein von der Priesterklasse vollzogen werden. Gott kommuniziert mit seinem neuen Volk, das zu einem priesterlichen Volk geworden ist, im Rahmen eines Mahls der Gemeinschaft, die all seine Bestandteile umfaßt: Mit-Teilung des Wortes, des Brots und des Weins. Die Liturgie des Neuen Bundes ersetzt nicht nur den Opferkult des Tempels, sie übernimmt zudem die Lesungen, Benediktionen und Gebete der Synagoge. Die langen Gespräche, die Jesus beim Abendmahl mit seinen Jüngern führt (Joh 13-17), zeigen, wie sehr der Neue Bund zu einer Offenbarung Gottes und einer Anteilnahme an seinem Geiste geworden ist, die im Rahmen der Brotbrechung durch das Wort und den Dialog geschieht.

Mag das neue Opfer durch den ewigen Hohenpriester Jesus Christus auch ein für allemal dargebracht worden sein (Hebr 7,26-27), so wird es doch in der Zeit der Kirche stets aufs neue vergegenwärtigt. Dergestalt bildet der Neue Bund den innersten Kern des christlichen Mysteriums. Seine aktuelle Verwirklichung geschieht in der Eucharistie der Kirche, an erster Stelle in der Sonntagsliturgie, aber auch in allen übrigen Kirchenfeiern, vor allem in der täglichen Liturgie des Stundengebets.

Mit dem Ausdruck „Liturgie" bezeichnet man also diese große und tiefgreifende Bewegung, die mit dem Opfer Abels beginnt und in demjenigen Christi kulminiert, und durch die Gott seinen Bund mit seinem Volk stets neu gegenwärtig macht. In der Geschichte der Menschen taucht die Liturgie bereits in den Anfängen auf, denn alles, was Gott wirkt und tut – und eben das nennt man Heilsökonomie –, soll der Kommunikation zwischen Gott und seinem Volk dienen, nur deshalb hat der Schöpfer den Menschen geschaffen: Gott hat den ersten Schritt getan. Während des ganzen Alten Testaments sodann gab es eine lange Vorbereitungszeit: Das Volk Gottes wurde angeleitet, nach und nach die aus seiner Umgebung übernommenen Kultübungen umzugestalten, damit sie das Werkzeug des Neuen Bundes und der Ort seiner Verwirklichung werden konnten.

Im Symbolum bekennt die Kirche das Mysterium der heiligsten Dreifaltigkeit und deren „gnädigen Ratschluß" für die ganze Schöpfung: Der Vater erfüllt das „Geheimnis seines Willens" (Eph 1,9), indem er zum Heil der Welt und zur Ehre seines Namens seinen geliebten Sohn und seinen Heiligen Geist schenkt. Dieses ist das Mysterium Christi. Es wird in der Geschichte geoffenbart und verwirklicht nach einem Plan, das heißt einer weise ausgedachten „Ordnung", die vom heiligen Paulus „Ökonomie des Mysteriums" (Eph 3,9), von der Vätertradition „Ökonomie des fleischgewordenen Wortes" oder „Heilsökonomie" genannt wird. – Darum feiert die Kirche in der Liturgie vor allem das Pascha-Mysterium, durch das Christus das Werk unseres Heils vollbracht hat. In ihrer Liturgie verkündet und feiert die Kirche dieses Mysterium, damit die Gläubigen daraus leben und es in der Welt bezeugen.[3]

Von dem Guten, das sich bei den Menschen dank ihrer Erlösung durch Gott findet, gibt es keines, auch nicht ein einziges, das nicht durch den zwischen Gott und den Menschen aufgestellten Mittler geschenkt worden wäre (vgl. 1 Tim 2,5); und nichts anderes ermöglicht es uns, den Mittler zu finden und zu gewinnen und das Seine zu erlangen, als einzig die Mysterien (die Liturgie). Denn diese machen uns zu seinen Blutsverwandten und zu Teilhabern der Gnaden, die er des Fleisches wegen empfing, und um derentwillen er das Leiden auf sich nahm (vgl. 1 Petr 4,13) ... Wenn wir aber derart mit Christus vereint sind, durch die Einweihung, durch die Gebete, durch unser Meditieren und Betrachten, dann werden wir unsere Seele zu aller Vollkommenheit heranbilden, dann werden wir das anvertraute Pfand behüten, wie Paulus mahnt (1 Tim 6,20; 2 Tim 1,12.14), und die uns durch die Mysterien eingesenkte Gnade bewahren. Denn wie er selber der Weihende ist, er selber auch mit den Mysterien eins ist, so ist gleicherweise auch er allein es, der uns das bewahrt, was er gibt, der macht, daß wir in der Gnade bleiben, die wir empfangen haben. Denn „ohne mich könnt ihr nichts tun“ (Joh 15,5).[4]

Liturgie ist die von der kirchlichen Gemeinschaft durch Christus, den Mittler zwischen Gott und den Menschen, im Heiligen Geist unter wirksamen Zeichen und in rechtmäßiger Ordnung vollzogene Aktualisierung des Neuen Bundes.[5]

Der Gebrauch des Wortes „Liturgie“ für diesen zentralen Aspekt des christlichen Mysteriums ist relativ neu, jedenfalls nicht älter als zwei Jahrhunderte. Vorher sprach man von heiligen Riten, Zeremonien, Offizien usw. Die römisch-katholische Kirche befindet sich hier übrigens in einer merkwürdigen Lage, denn obwohl regelmäßig Neubelebungsversuche unternommen wurden, begann ihre Liturgie nach dem ersten Jahrtausend zu erstarren oder gar Irrwege einzuschlagen. Dann aber kam die Liturgische Bewegung,

---

[3] *Katechismus der Katholischen Kirche,* Deutsche Ausgabe, München/Wien/Leipzig 1993, §§ 1066-1068 (auf der Grundlage der *Liturgiekonstitution* des II. Vatikanums, § 5).

[4] Nikolaus Kabasilas (Griechenland, Ende des 14. Jahrhunderts), *Das Buch vom Leben in Christus,* Wien/München 1966, III, 18 (S. 97) und VI, 104 (S. 201).

[5] Definition der Liturgie in P. Eicher (Hg.), *Neues Handbuch theologischer Grundbegriffe,* München: Kösel, 1991, Bd. 3, S. 282.

die in der ersten Hälfte des 20. Jahrhunderts so sehr an Stärke gewann, daß das II. Vatikanische Konzil deren Anliegen aufgriff und die Grundlagen für eine entscheidende und allgemeine Reform in der römisch-katholischen Kirche schuf. Freilich gibt es gegen diese Entwicklung auch einige Widerstände, mitunter sogar „Rückfälle“, und nie kann die Liturgiereform als vollendet betrachtet werden, denn sie ist eine der grundlegenden Komponenten der Gemeindepastoral, des Werks des Heiligen Geistes in der Kirche.

Mit Jesus erreichte die lange Vorbereitung auf den Neuen Bund ihr Ziel. Keineswegs jedoch, um damit eine Ära völliger Unbeweglichkeit und Starre einzuleiten! Denn welche Unterschiede gibt es nicht bereits zwischen dem Letzten Abendmahl und unseren heutigen Eucharistien: der Rahmen, die Handlung (Mahl oder Zusammenkunft), die Anzahl und die Sitzordnung der Teilnehmer, all das hat sich geändert. Tatsächlich entsprach die Feier des Neuen Bundes im Lauf der Jahrhunderte jeweils den materiellen Möglichkeiten, dem geistig-kulturellen Horizont und der politisch-soziologischen Lage der christlichen Gemeinden. In jeder Epoche bemerkt man Veränderungen im Gleichgewicht zwischen diesen verschiedenen Komponenten. Seit der Zeit der Apostel ergriffen die Gemeindehirten, geleitet vom Heiligen Geist, Initiativen, um neue Einrichtungen zu schaffen und die Feiern der konkreten Situation ihrer Gemeinde anzupassen.

Ziel dieser kurzen Geschichte der Liturgie wird es daher sein, die großen Entwicklungsschritte nachzuzeichnen, die für die Geschichte der christlichen Liturgie bestimmend waren. Zu Beginn werden die Quellen vorgestellt, mit deren Hilfe sich diese Geschichte rekonstruieren läßt. Danach wird die Entwicklung der liturgischen Einrichtungen und Gebräuche untersucht, wobei fünf große Etappen unterschieden werden, die der jeweils veränderten Situation der Kirchen in den antiken, mittelalterlichen und modernen Gesellschaften entsprechen:

1. Das apostolische Zeitalter: es fällt mit dem ersten Jahrhundert zusammen und reicht bis zum Tod der Apostel, deren Amtsauftrag einzig in seiner Art war, da es sich Apg 1,21-22 zufolge um unmittelbare Zeugen Jesu handelte.

2. Die bis zum Beginn des 4. Jahrhunderts reichende Zeit der christlichen Minderheiten, die im Römischen Reich immer wieder schweren Verfolgungen ausgesetzt sind und ihren Glauben zum Teil in der Verborgenheit leben müssen. Die Kirchen haben noch keinen öffentlichen Status, die Gemeinden sind eher klein und in

den christlichen Einrichtungen, darunter in der Liturgie, gibt es noch kaum regionale Entwicklungen.

3. Der „Frieden der Kirche“, der den christlichen Gemeinden einen öffentlichen Status im Reich zubilligt, begünstigt deren Wachstum und legt den Grundstein für die Zusammenarbeit von Reich und Kirche. Die Entwicklung, die im Osten anders verläuft als im Westen, vollzieht sich in mehreren Etappen. Man beginnt, die für die zahlreichen Gemeinden nötigen Einrichtungen zu schaffen.

4. Das Zeitalter der Christianisierung, in dem die Völker auf Entschluß ihrer Führer bekehrt werden. Die rasch vollzogenen Massentaufen brachten es mit sich, daß die Einrichtungen den neuen Gegebenheiten angepaßt werden mußten.

5. Stabilität, Traditionalismus, Erneuerungsbewegungen und Reformen der römischen Liturgie vom Ende des Mittelalters bis zum II. Vatikanischen Konzil.

1. Die historische Erforschung der Liturgie

Die Notwendigkeit einer historischen Untersuchung der Liturgie wurde vom II. Vatikanischen Konzil offiziell anerkannt: einerseits sollte sie in die pastorale Ausbildung und damit in das religiöse Leben integriert werden, andererseits sollte sie bei sämtlichen liturgischen Reformen als Richtschnur dienen *(Liturgiekonstitution,* 16 und 23). Tatsächlich ist die Liturgie zentral für die Tradition der Kirche, sie ist ein apostolisches Erbe, das in lebendiger Weise von Generation zu Generation bis zu uns weitergegeben wurde. So wie die Gesetze in einer Demokratie von der Mehrheit gebilligt werden müssen, so müssen sie in den Kirchen dem Gründerwillen Christi entsprechen, der seinen Ausdruck in der mündlichen und schriftlichen Tradition der Kirche findet. In dieser Hinsicht ist die Geschichte der Tradition, deren Zentrum die Liturgie bildet, der Ort, an dem sich der Gründerwillen Christi manifestiert hat, der kraft des Heiligen Geistes von den Hirten in die Tat umgesetzt wird. Von daher müssen die Hirten der Kirchen mit der Geschichte der Liturgie vertraut sein, doch wichtig ist sie auch für die Gläubigen, die die Grundlagen ihres Glaubens kennenlernen wollen.

Die historische Erforschung besteht darin, die liturgischen Einrichtungen in ihren verschiedenen Stadien zu untersuchen, um festzustellen, wie die Traditionen sich entwickelt haben, und um herauszufinden, was davon fundamental ist, weil es auf Christus und die Apostel zurückgeht, und was im Zuge pastoraler Notwendigkeiten im Lauf der Jahrhunderte hinzugefügt oder den sich wandelnden Verhältnissen angepaßt wurde.

Wie die Bibelwissenschaft ist auch die historische Erforschung der Liturgie sowohl auf den Verstand (in dem wir eine Gottesgabe erblicken) als auch auf den Glauben angewiesen. Denn einerseits muß sich diese Erforschung an die Regeln halten, die in den historischen Wissenschaften angewandt werden, das heißt die verfügbaren Dokumente und ihr Kontext müssen analysiert werden. Andererseits ist der Gläubige, der sich mit der Geschichte der christlichen Einrichtungen befaßt, gehalten, darin die Spuren des Heiligen Geistes wiederzuerkennen, auf dessen Leitung die Kirchen vertrauen. Im übrigen gehört schon zu den liturgischen Feiern selber stets ein Blick auf die Geschichte: durch die Lesungen, die Predigt und die Danksagungen enthüllen sie uns das Mysterium des Heils in vergangenen und aktuellen menschlichen Situationen.

Entsprechend den Regeln solcher Forschungen befaßt sich die Geschichte der liturgischen Einrichtungen zunächst mit der Untersuchung der auf uns gekommenen Dokumente. Wenn man all das Unglück überblickt, das den Kirchen im Lauf des ersten Jahrtausends widerfuhr, ist es geradezu erstaunlich, daß man immer noch über einige Zeugnisse der Vergangenheit verfügt. Man bedenke nur, was alles zu Verlusten geführt hat: die grausamen Verfolgungen, die Plünderungen nach den Einfällen der Barbaren und Muslime, der Ikonoklasmus (Bilderstreit im byzantinischen Osten zwischen 726 und 843), die verhängnisvollen Folgen der Kreuzzüge in Konstantinopel, desgleichen Erdbeben und Brände. Nicht zu vergessen jene gewissermaßen „natürlichen" Verluste durch den normalen Alterungsprozeß von Büchern, die nicht dazu bestimmt waren, ruhig in Bibliotheken aufbewahrt zu werden, sondern dazu, von Hand zu Hand zu gehen und immer wieder benutzt zu werden. Die wenigen Reste, die den Zerstörungen und dem Zahn der Zeit entkommen sind, stellen daher nur einen – zuweilen winzigen – Teil der Monumente und Schriften dar, die in dieser oder jener Epoche an einem bestimmten Ort vorhanden waren.

Darüber hinaus muß der moderne Christ, der versucht, die Liturgie der ersten Jahrhunderte zu erforschen, eine Art geistiger Pirouette vollziehen. Er ist so sehr an schriftlich festgehaltene, vollständige und verbindliche Rituale gewöhnt, daß er nur zu leicht dazu neigt, die heutigen Modalitäten auf die ersten Jahrhunderte der Kirche zu projizieren. Doch während des gesamten ersten Jahrtausends herrschten in der Liturgie andere Gebräuche als die unseren: Es war die Zeit der mündlichen Tradition und der institutionellen Autonomie der Ortskirchen. Deshalb ist die Quellenbasis für die Erforschung der ersten Jahrhunderte notgedrungen schmal und ihre Interpretation um so heikler, als man sich immer wieder fragen muß, ob sie einen repräsentativen Querschnitt darstellt.

Die mündliche Tradition

Die christlichen Einrichtungen haben sich in Gesellschaften mit einer oralen Kultur herausgebildet, zu einer Zeit, als die teuren und seltenen Bücher nur einer gebildeten Elite zugänglich waren. In Anknüpfung an die Heilige Schrift bewahrten, entwickelten und überlieferten die Christengemeinden ihre Traditionen vor allem durch das Gedächtnis. Desgleichen war der Ablauf der Feiern jeweils Sache der Ortskirche: er resultierte nicht aus der Anwendung anderswo festgelegter schriftlicher Regeln, sondern aus der Treue zu verinnerlichten Traditionen.

So sprachen die Liturgen der ersten Jahrhunderte ihre Aufforderungen und Gebete gemäß einer lebendigen und durch das Gedächtnis übermittelten Tradition. So stellt man zum Beispiel bei den alten Allgemeinen Gebeten (auch Gläubigengebete oder Fürbitten genannt), bei den diakonalen Aufforderungen und Gebetseinladungen (Monitionen) sowie bei den Schlußorationen sowohl große Ähnlichkeiten wie auch Unterschiede fest: Die Gebetseinladungen und ihre Reihenfolge stimmten im Grunde überein, doch ihre Formulierung variierte.

Schriftlich festgehalten wurden die Monitionen und liturgischen Gebete dann erst in einem zweiten Schritt, aus unterschiedlichen Gründen: Man wollte in einem theologischen Streit Fakten schaffen, brauchte Vorbilder, kämpfte gegen das Vergessen oder hatte andere Motive, die uns bislang unbekannt sind. Schon für das Neue Testament wurde dieser Vorgang beobachtet:

> Ursprünglich war die Schrift nur ein Hilfsmittel der lebendigen Erinnerung. Von dem Moment an jedoch, wo die Prediger des Evangeliums nicht mehr unmittelbare Zeugen und Zuhörer der berichteten Worte oder geschehenen Ereignisse waren, erwies es sich für sie als nützlich, „Gedächtnishilfen" zu haben, um die Wahrheitstreue ihrer Predigt zu verbürgen. Sie waren nicht länger die Urheber der überlieferten Tradition, sondern nur deren Verkünder, freilich mit all der Flexibilität, die nötig war, um das von ihnen Gelehrte den Gegebenheiten der Ortsgemeinden anzupassen. Zudem ist festzuhalten, daß man bis ins 2. Jahrhundert hinein nicht nur aus Schriftstücken vorlas, sondern daneben noch immer auf die mündliche Tradition zurückgriff.[1]

Alte Zeugnisse für die Tradition auf liturgischem Gebiet

Der Apostel Paulus bezog sich sowohl bei seiner Predigt (1 Kor 15,3; 2 Thess 3,6) als auch bei liturgischen Gebräuchen wie dem

---

1 P. Grelot, *La liturgie dans le Nouveau Testament,* Paris: Desclée, 1991, S. 34.

Herrenmahl (1 Kor 11,23) auf die mündliche Tradition. Ganz ähnlich haben Prediger und Bischöfe noch Jahrhunderte später auf die Bedeutung hingewiesen, die auch noch zu ihrer Zeit der mündlichen Tradition zukam, insbesondere auf dem Gebiet der Liturgie:

Unter den in der Kirche bewahrten Glaubenslehren und Verkündigungen besitzen wir die einen aus der schriftlich festgelegten Unterweisung, andere haben wir von der Tradition der Apostel auf dem Weg der Mysterien überliefert empfangen ... Welche Anweisung aus der Schrift gibt es, um zunächst das Gebräuchlichste zu nennen, daß die auf den Namen unseres Herrn Jesus Christus Hoffenden sich mit dem Kreuzeszeichen bezeichnen? Welcher Buchstabe hat uns gelehrt, uns beim Gebet nach Osten zu wenden? Die Worte der Epiklese bei der Konsekration des Brotes der Eucharistie und des Kelches der Segnung – wer von den Heiligen hat sie uns schriftlich hinterlassen? Wir begnügen uns ja nicht mit dem, was der Apostel oder das Evangelium anführen, sondern sprechen vorher und nachher noch andere Worte, die wir aus der nichtschriftlichen Lehre empfangen haben und die eine große Bedeutung für das Geheimnis haben. Wir segnen auch das Taufwasser und das Öl der Salbung und außerdem den Täufling selbst. Aufgrund welcher Schrifttexte tun wir das? Nicht aufgrund der verborgenen und geheimnisvollen Überlieferung? ... Etwa nicht aus dieser nichtöffentlichen, verborgenen Lehre, die unsere Väter in unbekümmertem und schlichtem Schweigen bewahrt haben, wohl darüber belehrt, daß die Ehrwürdigkeit der Geheimnisse durch Schweigen bewahrt bleibt?[2]

Die mündliche Tradition war ein Stabilitätsfaktor:

Ich weiß, teuerster Bruder, daß die meisten der den Kirchen des Herrn in der ganzen Welt durch die göttliche Gnade vorgesetzten Bischöfe die evangelische Wahrheit und die Überlieferung des Herrn sich zur Richtschnur nehmen und von dem, was Christus, der Lehrmeister, geboten und getan hat, durch keine neue und menschliche Lehre sich abbringen lassen ... So kann also weder der Apostel selbst noch ein Engel vom Himmel etwas anderes verkündigen oder lehren, als was Christus ein für allemal gelehrt und seine Apostel verkündigt haben ...[3]

---

[2] Basilius von Cäsarea, *Über den Heiligen Geist,* XXVII, 65-66, in: *Fontes Christiani,* Bd. 12, Freiburg: Herder 1993, S. 275-277.

[3] Cyprian, 63. Brief, in W. Rordorf, A. Schneider, *L'évolution du concept de tradition dans l'Église ancienne,* Bern: Peter Lang, coll. *Traditio Christiana V,* 1982, Text Nr. 79; dt. in Caecilius Cyprianus, *Briefe,* München: Kösel und Pustet, 1928, *Bibliothek der Kirchenväter,* Reihe 1, Bd. 60, S. 255 f. und 263.

Während der ersten drei Jahrhunderte entwickeln sich die christlichen Einrichtungen, auch die liturgischen, in den verschiedenen Kirchen auf ähnliche Weise. Angesiedelt in dem vom Römischen Reich beherrschten Mittelmeerraum, sind diese Gemeinden nicht nur durch die Zugehörigkeit zu ein und derselben Kultur miteinander verbunden: auch ein unmittelbarer Austausch, vor allem auf dem Seeweg, ist dank des Reichsfriedens (Pax Augusta) relativ leicht möglich. Da das Christentum in Palästina enstanden war und vor allem bei den „orientalischen Immigranten" in den großen Städten des Reichs auf einen fruchtbaren Boden gefallen war, lagen die ersten traditionsstiftenden Zentren hauptsächlich im Osten, von wo aus sich ihr Einfluß bis zu den neugegründeten Kirchen in den weiter westlich gelegenen Städten erstreckte. Berühmte Christen, die durch ihr literarisches Werk bekannt sind, haben einen ähnlichen Weg zurückgelegt. Der heilige Justin wurde in Palästina geboren, bekehrte sich um 132, wahrscheinlich in Ephesus, zum christlichen Glauben und kam danach nach Rom. Der heilige Irenäus war in Smyrna ein Schüler des heiligen Polykarp, ehe er nach Rom reiste und schließlich nach Lyon, wo er sich niederließ und um 177 Bischof der christlichen Gemeinde wurde.

Das Griechische war bis ins 3. Jahrhundert hinein die gemeinsame Sprache der ersten Kirchen, auch derjenigen Roms: als Spur davon ist uns das *Kyrie eleison* geblieben, ein so vertrautes Gebet, daß es auch dann noch in Gebrauch blieb, als man in der Stadt Rom wieder zur lateinischen Sprache zurückgekehrt war.

Die archäologischen Zeugnisse

Archäologen, die vor allem in Dura-Europos (im Osten des heutigen Syriens), in Ravenna, Rom, Syrien und Nordafrika Form, Grundriß und Ausstattung alter Gebäude untersucht haben wie auch andere Überreste (Monumente, Gemälde, Mosaiken, Skulpturen), ist es gelungen, einige wichtige Zeugnisse über die Liturgie zutage zu fördern. Die Maße und die Einrichtung der benutzten Räumlichkeiten geben Hinweise auf die Größe der Versammlungen und deren innere Organisation (Platz des Altars, der Sitze, Pulte, Türen usw.). Miniaturen und Einbände von Manuskripten, Stoffe und Goldschmiedearbeiten, die bestimmte Momente der liturgischen Feiern darstellen, haben uns ebenfalls Hinweise geliefert.

Die schriftlichen Quellen

Die Schriftwerke, die Aufschluß über die Geschichte der Liturgie geben, sind unterschiedlicher Natur. An erster Stelle ist hier die Bibel zu nennen, einerseits als Quelle für die Lesungen, andererseits weil wir dem Neuen Testament die ersten Zeugnisse über christliche Feiern verdanken. Unter den übrigen schriftlichen Dokumenten kann man zwischen denen unterscheiden, die gottesdienstliche Regeln festgehalten haben, und denen, die die Liturgie eher beiläufig beschreiben oder nur kurz auf sie anspielen. (Genauere Angaben findet man in den folgenden Kapiteln, in denen aus diesen Dokumenten zitiert wird.)

– *Die Kirchenordnungen*

Die ältesten Kirchenordnungen behandeln verschiedene Fragen, welche die Organisation der Christengemeinden betreffen und enthalten daher auch einige Abschnitte über die Liturgie. Da die mündliche Überlieferung vorherrschend war, beschränkten sich die Ausführungen dieser Kirchenordnungen auf Spezialfragen. Man bemerkt dies in der *Didache (Zwölf-Apostel-Lehre),* dem ältesten uns bekannten christlichen Lehrbuch, das fast noch aus dem apostolischen Zeitalter stammt: In dem Abschnitt über die Gemeindeorganisation werden nur Punkte behandelt, die damals strittig waren (vgl. weiter unten, S. 31-33). Man weiß jedoch nicht, wie diese Kirchenordnungen rezipiert wurden, das heißt in welchem Maße sich die Gemeinden an sie gehalten haben.

– *Die Kommentare zu den Riten*

In der Katechese und den Homilien beschrieben die Prediger teils systematisch, teils nur in Anspielungen die Gebräuche oder gewisse Aspekte der liturgischen Feiern, je nach den Erfordernissen der Unterweisung der Katechumenen und Neophyten beziehungsweise denen der fortlaufenden Predigt. Hierbei handelt es sich stets um unmittelbare Zeugnisse wirklicher Praktiken. Wir kommen weiter unter darauf zurück, S. 71 f.

Weitere Hinweise oder kurze Anspielungen findet man in theologischen oder pastoralliturgischen Abhandlungen wie denen von Tertullian, Ambrosius, Johannes Chrysostomus, Augustinus usw., in Briefen, vor allem in denen Cyprians, und in Reiseberichten wie in dem der Egeria, die den Gottesdienst in Jerusalem um 381 beschreibt.

Methode der vorliegenden historischen Untersuchung

In den folgenden Kapiteln werden, gegliedert nach Epochen und Kirchen, die verschiedenen liturgischen Einrichtungen vorgestellt, soweit man über sie in den verfügbaren Quellen informiert wird. Es werden also die vorhandenen Dokumente analysiert, um die Entwicklungsgeschichte der Riten und Formulare so gut wie möglich nachzuzeichnen.

Dabei wird es wichtig sein, alle „apriorischen Gewißheiten" und Vorurteile abzulegen, im Unterschied zu gewissen Vorgehensweisen, die noch bis vor kurzem im Schwange waren, als die Geschichte der Liturgie in den Dienst von zu beweisenden Thesen gestellt wurde und deshalb einen deduktiven Charakter erhielt. In älteren Abhandlungen zur Sakramententheologie findet man zahlreiche Beispiele dafür. Die Autoren dieser Traktate gingen von Definitionen aus, die von der scholastischen Theologie oder dem Tridentinum entwickelt worden waren, und wandten diese Kategorien auf die liturgischen Einrichtungen früherer Epochen an.

Das berühmteste Beispiel betrifft das angeblich hohe Alter der Privatbeichte. Die Kontroverse begann nach der protestantischen Reformation, als Zweifel am Sinn der Ohrenbeichte laut wurden. Katholische Theologen haben auf dem Konzil von Trient und auch danach behauptet, daß die Privatbeichte in der Kirche von Anfang an gebräuchlich war, und meinten, sie könnten dies mit Texten belegen. Tatsächlich haben sie die verfügbaren Dokumente herangezogen, diese aber sinnwidrig ausgelegt und damit die historische Forschung eine Zeitlang in die Irre geführt.

Weil in den alten Zeugnissen nur davon die Rede war, daß zur Vergebung *schwerer* Sünden die „öffentliche" Buße nötig sei (vgl. unten, S. 62 und 109), begann eine Debatte über die Vergebung der übrigen Sünden. Theologen wollten beweisen, daß auch diese Vergebung den Priestern vorbehalten gewesen sei, die sie auf „private" Weise gewährt haben sollen. Hier ein spätes Beispiel für derartige Beweise, die von – zum Teil tridentinischen – dogmatischen Definitionen ausgingen, in denen die Unerläßlichkeit des Sakraments der Wiederversöhnung betont wurde:

Wenn es vor dem 7. oder 8. Jahrhundert keine Privatbuße gegeben hätte, wie viele Sünden wären bis dahin ohne das Eingreifen der Kirche vergeben worden! Und was würde dann aus dem Dogma der Notwendigkeit des Sakraments? ... Wenn es keine Privatbuße gegeben hätte und die öffentliche Lossprechung nur eine Befreiung von der Kirchenstrafe gewesen wäre, wann und wie hätte es dann in der Kirche je zu der Vorstellung kommen können, daß die Sünde selbst durch den Prieser vergeben wird? ... Die klassischen Theologen gehen jedenfalls davon aus, daß die private Lossprechung zur gleichen Zeit aufkam wie die öffentliche Buße ...[4]

Die häufige Ohrenbeichte war in der katholischen Seelsorge und Spiritualität nach dem Trienter Konzil eine so bedeutsame Praxis, daß sich die Theologen und selbst die Historiker nicht vorstellen konnten, daß sich die Christen der ersten Jahrhunderte ihr nicht unterzogen haben sollten! Doch mittlerweile ist der Blick objektiver geworden, wie man dem *Katechismus der Katholischen Kirche,* § 1447, entnehmen kann, wo von einer „privaten" Bußpraxis erst ab dem 7. Jahrhundert die Rede ist.

Man sollte es also vermeiden, Gedanken oder Gebräuche jüngeren Datums in die Vergangenheit zu projizieren. Nicht nur beim Bußsakrament besteht diese Gefahr, sondern auch auf dem Gebiet der Eucharistiefeier. So ist es heute gang und gäbe, daß die Eucharistie in einer Versammlung zelebriert wird, deren einziger Amtsträger der Priester ist, der „zum Volke hin" *(versus populum)* am Altar steht. Während des ganzen ersten Jahrtausends hingegen war die Eucharistie im Westen (wie heute noch im Osten) eine gemeinsame Handlung, in der nicht ein Liturg einer Versammlung gegenüberstand, sondern in der mehrere Amtsträger und die Versammlung vereint waren – und dies sowohl in einem inneren Dialog, durch die Begrüßungen und Aufforderungen, als auch in einer Kommunikation mit dem Herrn, dem einzigen wirklichen Hohenpriester. Man kam nicht auf die Idee, daß „der Priester" mit dem Gesicht oder dem Rücken zum Volk stehen müsse, vielmehr sollte sich die Aufmerksamkeit der ganzen Versammlung dem eigentlichen Gesprächspartner zuwenden, das heißt Gott.

Erwähnt sei noch eine weitere Quelle von Schwierigkeiten: die für viele Katholiken bezeichnende Trennung zwischen äußerem Kult und innerem Gebet. Nachdem die Liturgie im Abendland zur

4 Thesenerörterung in einer Anmerkung von P. Galtier, *L'Église et la rémission des péchés aux premiers siècles,* Paris: Beauchesne, ²1932, S. 219.

Sache der Kleriker geworden war, die man auf lateinisch, also in einer nur wenigen vertrauten Sprache zelebrierte, entwickelten die Prediger für das Volk private Andachten und Übungen. Man betrachtete den Kult jetzt als äußere Pflicht, als einen Gott erwiesenen Dienst, für den man den Schein wahren mußte – mit Barockmusik, Prozessionen, Kirchenschmuck –, ohne innerlich jedoch allzu stark beteiligt zu sein. In der religiösen Erziehung stand die individuelle Beziehung zu Gott so sehr im Mittelpunkt, daß man bei den feierlichsten liturgischen Zelebrationen Priester beobachten konnte, die im Chor Seite an Seite jeweils für sich Stellen aus ihrem Brevier rezitierten, und Gläubige, die auf Empfehlung ihrer Beichtväter still den Rosenkranz beteten! In den Katechismen wurde der Kult im Kapitel Moral abgehandelt, er galt als eine soziale Form der Tugend der Frömmigkeit, das heißt als Erfüllung der Pflichten gegenüber Gott!

Im Grunde jedoch ist das christliche Gebet, ganz so wie das jüdische, das Gebet eines Volkes, dem bewußt ist, daß es das Gottesvolk ist, und die Liturgie ist das strukturierte Gebet einer Gemeinschaft. In einer historischen Untersuchung lassen sich die liturgischen Einrichtungen daher nur aufklären, wenn man den für sie so zentralen Gemeinschaftscharakter berücksichtigt.

2. Das apostolische Zeitalter: 1. Jahrhundert

Der Übergang vom Alten zum Neuen Bund geschah nicht im Nu, es bedurfte mehr als einer Generation, damit die ersten Christengemeinden sich endgültig vom alten Israel und seinem Kult trennten. So berichtet die Apostelgeschichte (21,28), daß Paulus auch weiterhin in den Tempel ging; dann aber wurde ihm vorgeworfen, zu Christus bekehrte Heiden dorthin mitgenommen zu haben, was im Jahr 58 zu seiner Verhaftung führte. Desgleichen betrachtete sich die apostolische Gemeinde, wie man dem Lobgesang Marias entnehmen kann, zunächst als Teil des Gottesvolks (Lk 1,54-55), sie hoffte noch auf die Bekehrung des alten Israels mitsamt seinen Einrichtungen. Sie unternahm keinen Versuch, sich von ihm zu trennen, im Gegenteil, sie war erfüllt von dem Bewußtsein, daß sich ihr inmitten dieses erwählten Volks enthülle, „wie jenes Geheimnis Wirklichkeit geworden ist, das von Ewigkeit her in Gott verborgen war" (Eph 3,9; usw.), und wünschte von Herzen, diese Offenbarung ganz Israel mitzuteilen, damit es zum Glauben käme (Röm 11). Es war das offizielle Judentum, das beschloß, die Anhänger des Nazareners, die es als eine irregeleitete Sekte ansah, auszuschließen.

Nach ihrer Verstoßung durch die Führer Israels entwickelten die ersten Christengemeinden unter der Leitung des Heiligen Geistes ihre Einrichtungen. In den frühesten christlichen Dokumenten finden sich auch einige Hinweise auf die Art ihrer liturgischen Versammlungen, so daß es wenigstens zum Teil möglich ist zu rekonstruieren, wie die Feiern des apostolischen Zeitalters aussahen.

Die Quellen

Die Schriften des Neuen Testaments bilden die Hauptquelle für die Untersuchung der ersten liturgischen Einrichtungen der Christen. Denn in ihnen wird auf die Feiern der ersten Gemeinden angespielt und sie enthalten einige liturgische Vorschriften. Ihre Interpretation ist mitunter schwierig, insbesondere im Fall der Apostelgeschichte, in der sich Traditionen aus verschiedenen Epochen vermischen, etwa wenn es um die Frage der Ämter geht. So haben die Exegeten in Apg 6,1-7 Hinweise auf eine doppelte Organisation der Jerusalemer Gemeinde entdeckt: Die Zwölf bleiben auch weiterhin verantwortlich für die Gruppe der „Hebräer" (zum Christentum bekehrte autochthone Juden), während sie die Verantwortung für die Gruppe der „Hellenisten" (ebenfalls konvertierte Juden, aber aus dem griechischen Kulturkreis) den neugewählten Sieben übertragen. Mit diesem System einer differenzierten Verwaltung war es in Jerusalem allerdings schnell vorbei, denn die Hellenisten wurden besonders grausam verfolgt und mußten fluchtartig die Stadt verlassen (um 33-34), während die Zwölf dortblieben (Apg 8,1). Diese doppelte Organisation wird im Text kaum erläutert, denn zur Zeit seiner Endredaktion, um 75-80, war sie nicht mehr aktuell und die Gemeinden waren anders organisiert: es gab Presbyter (Älteste, die das seelsorgerische Amt von Bischöfen versahen, Apg 20,17 und 28), Diakone und Bischöfe (Phil 1,1).

Die ersten Christengenerationen mußten sich mehrmals auf neue Situationen einstellen, die sich unmittelbar auf die liturgischen Gebräuche auswirkten. So erlebten sie im Jahr 70, als der Tempel von Jerusalem zerstört wurde, das endgültige Verschwinden des Opferkults des Alten Bundes. Danach mußten sie sich eingestehen, daß die Wiederkunft Christi nicht unmittelbar bevorstand, weshalb sie zweckdienliche und feste Einrichtungen schaffen und nach einem Ersatz für die Apostel suchen mußten, um die Versammlungen nicht führerlos werden zu lassen.

Zu den Hinweisen des Neuen Testaments kommen die hinzu, die uns eine oben bereits erwähnte Kirchenordnung syrischen Ursprungs liefert, deren Endredaktion im zweiten Jahrhundert stattgefunden habe dürfte, die aber ältere Überlieferungen enthält: die *Didache* oder *Zwölf-Apostel-Lehre.* Was die Liturgie betrifft, so finden sich in diesem Werk Vorschriften zur Taufe, zu den Fasttagen, zur Eucharistie und zum Gebet (7,1-10,7) und vor allem zwei längere Danksagungen, eine für den Kelch und das gebrochene Brot, eine „nach der Sättigung" (9-10). (Das Dokument wurde unter anderem veröffentlicht in *Schriften des Urchristentums,* Bd. 2, Darmstadt: Wissenschaftliche Buchgesellschaft, 1984, wonach im folgenden zitiert wird, und in *Fontes Christiani,* Bd. 1, Freiburg/Basel/Wien: Herder 1990.)

Auch wenn sie recht gut zu sein scheint, reicht diese Quellenbasis doch nicht aus, um alle liturgischen Einrichtungen des ersten Jahrhunderts zu rekonstruieren, denn nie handelt es sich um vollständige Beschreibungen, immer nur um knappe Hinweise. Manchmal teilt uns der Apostel mehr über Mißstände mit als über die reguläre Praxis, so Paulus anläßlich der Christenversammlungen in Korinth; denn die Normen hatte er mündlich weitergegeben, als er selbst am Ort war, und wenn er in seinem Brief über das ungezügelte Verhalten beim Herrenmahl klagt, beruft er sich einfach und ohne sich zu wiederholen auf das, was er gelehrt hat, oder verspricht, wiederzukommen, um es noch einmal mit lebendiger Stimme zu verdeutlichen (1 Kor 11,34).

Die Versammlungen oder Synaxen

Kennzeichnend für die ersten Christengemeinden ist der Eifer, mit der sie die Zusammenkunft suchen. Vor Pfingsten ist es Christus selber, der als der Auferstandene erscheint, um die Gruppe der Jünger zu versammeln und ihnen durch seinen Heiligen Geist Anweisungen zu geben: Aus diesen niedergeschlagenen und verzagten Männern, die sich hinter den verschlossenen Türen ihrer Zufluchtsorte verbergen, macht er mutige Prediger, die den Führern ihres Volks die Stirn bieten. Bei diesen Begegnungen legt der Auferstandene die Organisation seiner Kirche in den Grundzügen fest: er spricht mit seinen Jüngern, überzeugt sie von seiner Auferstehung, teilt ihnen seinen Geist und sein Wort mit, „bricht das Brot" und ißt mit ihnen (Mk 16, 14-20; Lk 24,13-53; Joh 20, 19-29; Apg 1,3-8). Jede Erscheinung des Auferstandenen endet mit der Aussendung der Jünger, mit einem Missionsauftrag, den die Evangelien im einzelnen verschieden darstellen. Entweder wird er auf einem Berg in Galiläa erteilt, in jener Landschaft, wo Heiden und Juden zusammentreffen (Mt 28, 16-20), oder in Jerusalem, dem Licht der Völker (Lk 24,47), oder beim Fischfang am See von Tiberias (Joh 21,1-14, ein Gegenstück zu Lk 5,1-11: „von jetzt an wirst du Menschen fangen") oder auch bei Tisch (Mk 16,14-20). Bei jeder dieser Erscheinungen sendet Christus seine Jünger aus, um der ganzen Welt die Frohe Botschaft seiner Auferstehung zu verkünden.

All diese Worte und Taten des auferstandenen Christus sind konstitutiv für die christliche Versammlung in ihrer höchsten Form, der Eucharistie: Zusammenkommen, Wiedererkennen des Auferstandenen, Verkündigung seines Worts, Empfang seines Geistes, Brotbrechen und Mahl, Aussendung der Jünger. Das letztgenannte Element findet seinen Ausdruck in Form einer Anrufung im ältesten uns bekannten Eucharistieformular, dem der *Didache* (siehe weiter unten S. 27):

Deine Kirche soll zusammengebracht werden von den Enden der Erde in dein Reich ...

Führe sie (die Kirche) zusammen von den vier Winden ...[1]

In der Apostelgeschichte wird uns eine Gemeinde beschrieben, die nach dem Pfingstereignis durch ihre Versammlungen, die täglich stattzufinden scheinen, einen engen Zusammenhalt und eine ihr eigene Struktur findet. Die ersten Hinweise auf die christlichen Feiern findet man in den drei „Schilderungen" der Jerusalemer Gemeinde in Apg 2,42-47; 4,32-35; 5,12-16. Das Hauptmerkmal ist das Leben in Gemeinschaft *(koinônia),* das vier Gebiete betrifft: die Lehre der Apostel, die Gütergemeinschaft, das Brotbrechen und die Gebete. In den Gemeindeversammlungen wird über die Missionstätigkeit der Jünger beraten, und die Gemeinde wird auch sogleich über die Folgen und Resultate informiert (4,23); dasselbe gilt hernach für Antiochien (13,2-3).

Etwas mehr über das Gebet der Gemeinde erfährt man in dem Moment, wo diese schweren Prüfungen ausgesetzt ist, so insbesondere als Petrus (zusammen mit Johannes) festgenommen und ins Gefängnis geworfen wird (4,23-31; 12,5.12). Bei dieser Gelegenheit wird der Text eines Dankgebets mitgeteilt (4,24-30).

Die Gemeinden, die im Zuge von Missionsreisen außerhalb von Jerusalem enstanden sind, haben sich auf dieselbe Weise gebildet, das heißt nachdem die Prediger Versammlungen einberufen hatten. Verstreute Hinweise in den Schriften des Neuen Testaments teilen einiges über diese Zusammenkünfte mit, zum Beispiel über die Arten des Gebets und der prophetischen Rede in Korinth (1 Kor 11,2-12,31; 14,1-40) oder über die Lesung der Paulusbriefe bei den Zusammenkünften (zum Beispiel 1 Thess 5,27). Desgleichen waren die Briefe der Gefährten und Nachfolger der Apostel dazu bestimmt, in den Versammlungen vorgelesen zu werden, worauf am Anfang oder am Ende des Dokuments hingewiesen wird, zum Beispiel in der Epistel an die Korinther des Klemens von Rom oder in den *Briefen* des Ignatius von Antiochien.

---

1 *Didache,* 9,4 und 10,5.

Mahl der Gemeinschaft und „Herrenmahl“

In der *Apostelgeschichte* wird in der ersten der oben genannten „Schilderungen“ sowohl das gemeinschaftliche Mahl wie auch das „Brotbrechen“ erwähnt (2,46). Was unter dem „Brotbrechen“, das anderenorts auch „Herrenmahl“ genannt wird (1 Kor 11,20), zu verstehen ist, wird in der Episode deutlich, wo der auferstandene Jesus den Emmausjüngern erscheint (Lk 24,30.35; vgl. auch Apg 2,42; 20,7-22).

Über die Verbindungen zwischen dem gemeinschaftlichen und dem eucharistischen Mahl zur Zeit der Apostel ist viel diskutiert worden: Wurde die Eucharistie ursprünglich während einer „gewöhnlichen“ Mahlzeit gefeiert? Doch darf man die Frage so stellen? Die Hinweise in den Schriften des Neuen Testaments erlauben es nicht zu rekonstruieren, wie die eucharistischen Versammlungen der ersten Christengemeinden aussahen. Überdies muß man, wenn es um das Mahl geht, den kulturellen Kontext berücksichtigen, der sich von unserem stark unterscheidet.

Dem Geist der Bibel entsprechend muß jede Nahrung als eine Gottesgabe betrachtet werden. Zu jedem Mahl gehören Segnungen, mit denen die Teilnehmer Gott für die Speise danken. Das Brot aber evoziert das Wort Gottes und das lebenspendende Gesetz: „Erinnere dich ... Der Herr hat dich mit dem Manna gespeist, das du nicht kanntest und das auch deine Väter nicht kannten. Er wollte dich erkennen lassen, daß der Mensch nicht nur von Brot lebt, sondern daß der Mensch von allem lebt, was der Mund des Herrn spricht“ (Dtn 8,2-3; die Ausgaben der Bibel vermerken am Rand sämtliche Parallelstellen). Der Wein und der Weinstock wiederum evozieren die Sorge Gottes für sein Volk und das verheißene Glück. Jedes Mahl ist daher bereits eine Begegnung, ja eine Kommunion mit Gott.

Plutarch soll gesagt haben, daß für die Griechen ein Abendessen ohne Freunde kein richtiges Abendessen sei. In diesen Gesellschaften war das gesellige Beisammensein wichtiger als die Art der Speise, und die Mahlzeiten waren ein willkommener Anlaß, um zusammenzukommen und miteinander zu reden. Das bestätigen die Evangelien, die oft schildern, wie Christus bei einem Mahl lehrt (vgl. etwa Lk 7,36; 11,37; 14,1-24, und vor allem die lange Abschiedsrede Joh 13-17). Zahlreich sind die Formen von Gemeinschaft, die ein Mahl ermöglicht: Man sitzt gemeinsam an einem Tisch, ißt aus einer Schüssel, teilt dieselbe Speise, tauscht

Worte und Gedanken aus. In der jüdischen Gesellschaft kommen besondere religiöse Gebräuche hinzu: Die Tischgenossen beten und preisen Gott, sie psalmodieren und gedenken der Wundertaten Gottes. Zu Beginn unserer Zeitrechnung begannen die Therapeuten („Diener Gottes"), eine Gemeinschaft jüdischer Eiferer, das Mahl mit einem Kommentar der Heiligen Schrift und einer Homilie.

Die *Didache* hat die in dieser Tradition stehenden christlichen Segnungen aufbewahrt:

Betreffs der Eucharistie: Sagt folgendermaßen Dank:

Zuerst betreffs des Bechers: Wir danken dir, unser Vater, für den heiligen Weinstock Davids, deines Knechtes, den du uns offenbart hast durch Jesus, deinen Knecht. Dir die Herrlichkeit in Ewigkeit!

Betreffs des Brotes: Wir danken dir, unser Vater, für das Leben, das du uns offenbart hast durch Jesus, deinen Knecht. Dir die Herrlichkeit in Ewigkeit!

Wie dies gebrochene Brot auf den Bergen zerstreut war und zusammengebracht *ein* Brot geworden ist, so soll deine Kirche zusammengebracht werden von den Enden der Erde in dein Reich. Denn dein ist die Herrlichkeit und die Kraft in Ewigkeit![2]

Waren die ersten christlichen Eucharistiefeiern demnach eine Verbindung von Lesungen nach dem Vorbild der Synagoge mit dem Mahl einer religiösen Bruderschaft? Oder handelte es sich um ein Gemeinschaftsmahl, bei dem man die Gegenwart und Teilnahme des auferstandenen Christus ins Zentrum der Aufmerksamkeit rückte, durch die Erinnerung an seine Lehre und seine Heilstaten, vor allem aber durch das Brotbrechen?

Das gemeinschaftliche Mahl war aber auch, dies ein anderer Aspekt der Kommunion in einem einzigen Leib, Ausdruck und Verwirklichung der Nächstenliebe und der gegenseitigen Hilfe. In Zeiten großer Hungersnot, wie sie laut Apg 11,28 zuweilen vorkamen, brachte die Pflicht zur gegenseitigen Unterstützung es wahrscheinlich mit sich, daß man täglich karitative Speisungen durchführte, und dies war vielleicht einer der Gründe dafür, daß sich das gemeinschaftliche Mahl mehr und mehr vom rein eucharistischen Mahl trennte. Im Judasbrief (v. 12) jedenfalls, wo die christlichen Gemeinschaftsmahle in einer kurzen Anspielung erstmals „Liebesmahle" („Agapen") genannt werden, ist von einer Verbindung mit der Eucharistie keine Rede.

---

2 *Didache,* 9,1-4.

Das „Herrenmahl“ in Korinth

Eine sehr zuverlässige Quelle, um etwas über die liturgischen Traditionen des apostolischen Zeitalters zu erfahren, ist der erste Brief des Paulus an die Korinther. Doch da es sich vor allem um Zurechtweisungen handelt, informiert einen der Brief mehr über die Mißstände, die bei den Christen in Korinth herrschten, als über die regulären Praktiken. Das gilt insbesondere für das „Herrenmahl“ in 1 Kor 11,17-34.

Die Vorwürfe des Apostels betreffen das unwürdige Verhalten der Korinther, deren Egoismus am Tische des gemeinschaftlichen Mahls unvereinbar ist mit dem „Herrenmahl“, das sie doch in einem einzigen Leib versammeln soll. Wegen der Kürze der Ausführungen kann man jedoch nicht näher sagen, wie die Beziehungen zwischen dem Gemeinschaftsmahl und der Feier des Abendmahls beschaffen waren, an deren Tradition Paulus erinnert.

Waren die Schwierigkeiten, die in Korinth auftraten, nur für diese Gemeinde typisch? Hingen sie mit kulturellen Besonderheiten dieser Christen zusammen, die zuvor in der Mehrzahl Heiden waren und nicht in der Tradition des jüdischen religiösen Mahls erzogen worden waren? Standen diese Korinther noch zu sehr unter dem Einfluß heidnischer Kultpraktiken wie etwa dem Verzehr von Götzenopferfleisch (1 Kor 8), um die Neuheit des „Herrenmahls“ und seine österliche Dimension zu erkennen? Fragen, die offen bleiben müssen, da es uns an Dokumenten fehlt. Nur soviel ist klar, daß die ersten Missionare es nicht leicht hatten, als sie versuchten, soeben bekehrte Heiden in das Geheimnis der Eucharistie einzuweihen.

Die für die Versammlungen benutzten Räumlichkeiten

In der Apostelgeschichte (20,7-12) wird eine Versammlung in Troas (Kleinasien) erwähnt, bei der sich der Apostel Paulus von der Ortsgemeinde verabschiedete. Man brach das Brot und der Apostel hielt der Gemeinde eine lange Rede. Der Ort der Zusammenkunft befand sich im dritten Stock eines Hauses, und dieser Hinweis läßt auf die Größe des Raums und damit auf die Anzahl der Teilnehmer schließen: Man nimmt an, daß es kaum mehr als zwanzig Personen gewesen sein dürften.

Im allgemeinen fanden die Versammlungen der Christen in Privathäusern statt (Apg 2,46; 5,42; 20,20). Schon als die Apostel und ihre Gefährten noch am jüdischen Gottesdienst teilnehmen durften, mußten sie sich natürlich bei sich zu Hause treffen, um dort all das zu feiern, was nur ihnen eigen war und den Glauben an den Auferstandenen voraussetzte. Mehrere dieser Häuser werden eigens genannt, so in Jerusalem das „Obergemach“ (Apg 1,13) und das Haus der Maria, der Mutter des Johannes Markus (Apg 12,12), die Häuser der Lydia in Philippi (Apg 16,15.40), des Aquila und der Priska in Ephesus und Rom (Röm 16,3-5; 1 Kor 16,19), der Nympha in Laodizea (Kol 4,15). Auch bei Philemon fanden Versammlungen statt (Phlm 2). In diesen Briefen begegnet man jedesmal derselben Grußformel: „An die Gemeinde in ihrem (deinem) Haus.“

Der Apostelgeschichte (1,15) zufolge waren hundertzwanzig Brüder im „Obergemach“ zusammengekommen, um einen Ersatz für Judas zu finden; die Zahl ist symbolisch und wird in dem Bericht genannt, weil es sich um einen Gründungsakt des neuen Gottesvolks handelt: sie bezieht sich auf die zwölf Stämme (zwölfmal die Zehnzahl, die in der Organisation des Volks ein grundlegendes Element darstellt). Von diesem Hinweis abgesehen, gibt es keine weiteren Zahlenangaben über die Größe der Versammlungen, die in den Häusern abgehalten wurden. Doch die architektonischen Gegebenheiten dieser Räumlichkeiten ließen es nicht zu, daß dort mehr als zwanzig oder dreißig Personen zusammenkamen.

Die Taufberichte

In der Apostelgeschichte ist des öfteren von Taufen die Rede: Getauft werden die am Pfingsttag bekehrten dreitausend Menschen (2,37-42), die Samariter nach der Predigt des Philippus (8,4-25), der äthiopische Kämmerer (8,26-40), der in Damaskus zu Paulus gewordene Saulus (9,10-19), der Hauptmann Kornelius (10,44-48), Lydia und die Ihren auf einer Missionsreise des Paulus (16,13-14), der Gefängniswärter von Philippi, nachdem er Paulus und Silas bei sich aufgenommen und sie gepflegt hatte (16,32-33), usw. In den Praktiken allerdings lassen sich einige Unterschiede beobachten: Kornelius wird getauft, nachdem in einem neuen Pfingstgeschehen die Gaben des Heiligen Geistes ausgegossen wurden (10,44-48), während die Samariter, nachdem Philippus gepredigt hat, zunächst die Taufe im Namen Jesu, des Herrn, empfangen, ehe ihnen Petrus und Johannes die Hände auflegen, damit der Heilige

Geist auf sie herabkommt (8,17). Die Johannesjünger von Ephesus empfingen zuerst die Taufe des Johannes, wurden dann im Namen Jesu, des Herrn, getauft, ehe Paulus ihnen die Hände auflegte und der Heilige Geist auf sie herabkam (19,1-7).

– Der Taufritus

Der Taufritus selbst wird in diesen Berichten nur bei der Bekehrung des Äthiopiers beschrieben: „Beide, Philippus und der Kämmerer, stiegen in das Wasser hinab, und er taufte ihn" (8,38). Zu der Taufbitte fügen einige Textzeugen ein Glaubensbekenntnis des Äthiopiers hinzu: „Da sagte Philippus zu ihm: Wenn du aus ganzem Herzen glaubst, ist es möglich. Er antwortete: Ich glaube, daß Jesus Christus der Sohn Gottes ist." Die Praxis der Immersionstaufe wird auch durch die Predigt des heiligen Paulus bestätigt, der das Hinabsteigen ins Wasser und das Wiederhinaufsteigen mit dem Tod und der Auferstehung Jesu vergleicht (Röm 6,1-23).

An anderen Stellen wird nur der im Passiv formulierte Empfang der Taufe erwähnt: „Sie wurden getauft", heißt es, ohne daß das Ritual näher beschrieben oder die Täufer genannt würden. In den Berichten über die Bekehrung des Paulus wird zwar gesagt, daß Hananias ihm die Hände auflegte, nicht aber daß er die Taufe vornahm (9,18; 22,16), und im Fall des Kornelius gibt Petrus die Anordnung, ihn und die Seinen zu taufen (10,48). Was Paulus betrifft, so erinnert er die Korinther daran, daß er selbst nur sehr wenige von ihnen getauft hat (1 Kor 1,14-17). Doch mögen diese Berichte auch knapp sein, sie reichen aus, um die christliche Taufe von den jüdische Waschungen zu unterscheiden, die man als Zeichen der Buße und Reinigung selber an sich vornimmt: Die christliche Taufe wird empfangen, man spendet sie sich nicht selbst.

– Die Taufvorbereitung

Die Taufvorbereitung wird nur nebenbei erwähnt. Der Äthiopier wurde von dem Diakon Philippus nur kurz unterwiesen und sogleich getauft, doch er war bereits gut vorbereitet, weil er die Bibel gelesen hatte (Apg 8,26-39). Die Unterweisung des Apollos dauerte länger: Dieser redekundige und in der Schrift bewanderte Jude war unterwiesen im „Weg des Herrn" und „trug die Lehre von Jesus genau vor", doch er kannte nur die Taufe des Johannes; Priszilla und Aquila „legten ihm den Weg Gottes noch genauer dar" und vervollständigten seine Unterweisung (Apg 18,24-26).

Diesen lakonischen Berichten läßt sich nicht entnehmen, wie lange man auf die Taufe vorbereitet wurde. Ihr Verfasser hatte kein historisches, sondern ein theologisches Ziel, er wollte Zeugnis ablegen vom Wirken des Heiligen Geistes beim Wachstum der Kirche; eine detaillierte Beschreibung der Einrichtungen war hierzu nicht nötig. Feststellen läßt sich indes, daß die meisten Taufanwärter aus dem Judentum stammten, entweder direkt oder in der Eigenschaft von Proselyten und Gottesfürchtigen, so daß sie also bereits durch ihre Kenntnis der Heiligen Schrift vorbereitet waren.

– Die Taufvorschrift der Didache

Die *Didache* gibt etwas mehr Aufschluß über die auf die Taufe vorbereitende Unterweisung (in 7,1), da sie einen Bestandteil davon mitteilt, die Lehre der Zwei Wege (Kap. 1-6). Es handelt sich um eine Tradition biblischen Ursprungs, die in die christliche Katechese Eingang fand: Der Weg des Lebens führt zu Gott, er besteht in der Einhaltung der Gebote, wer dagegen dem Bösen anhängt, schlägt den Weg des Todes ein, der uns von Gott entfernt (vgl. Dtn 30,15-20, und in Mt 7,13-14 das Gleichnis der beiden Tore). Diese Katechese stellte den Taufanwärter vor eine entscheidende Wahl: Die Bekehrung erfaßt das ganze Leben, denn der Lebenswandel wird zum sichtbaren Kriterium dafür, ob man den Weg des Lebens oder des Todes eingeschlagen hat.

Was das Taufritual betrifft (7,1-4), so geht die entsprechende Satzung der *Didache* nur auf strittige Punkte ein: auf die Beschaffenheit des Wassers, auf Wassermangel und auf das Fasten.

7,1. Betreffs der Taufe: Tauft folgendermaßen: Nachdem ihr vorher dies alles [über die Zwei Wege] mitgeteilt habt, tauft auf den Namen des Vaters und des Sohnes und des Heiligen Geistes in lebendigem Wasser! 2. Wenn dir aber lebendiges Wasser nicht zur Verfügung steht, taufe in anderem Wasser! Wenn du es aber nicht in kaltem kannst, dann in warmem! 3. Wenn dir aber beides nicht zur Verfügung steht, gieße dreimal Wasser auf den Kopf im Namen des Vaters und des Sohnes und des Heiligen Geistes! 4. Vor der Taufe sollen der Täufer und der Täufling fasten und, wenn es möglich ist, einige andere! Du sollst dem Täufling gebieten, ein oder zwei Tage vorher zu fasten![3]

Bei den Vorschriften zur Art des Wassers handelt es sich zweifellos um Reaktionen auf die Ansprüche von Judenchristen, denn die

---

[3] *Didache,* 7,1-4.

jüdischen Theologen unterschieden zwischen bis zu sechs verschiedenen Reinheitsgraden, angefangen vom stehenden Wasser der Zisternen bis zum lebendigen Wasser, das aus den Quellen sprudelt, und in gewissen Fällen war es Pflicht, lebendiges Wasser zu benutzen. Die *Didache* erkennt den höheren Wert des lebendigen Wassers für das Taufbad an, doch sie macht daraus keine notwendige Bedingung. Diese Unterscheidungen, die man in späteren Epochen nicht wiederfindet, sind ein deutlicher Hinweis darauf, daß man noch keine eigenen Taufsteine oder -räume hatte und deshalb unterschiedlichen Situationen Rechnung tragen mußte.

Die Satzung der *Didache* sieht auch Fälle vor, in denen das Eintauchen wegen Wassermangels unmöglich ist und schreibt hierfür die Taufe durch dreimaliges Übergießen des Kopfs des Täuflings vor. In beiden Fällen wird Wert auf eine trinitarische Taufformel gelegt, die dem Schluß des ersten Evangeliums entspricht (Mt 28,19).

Die letzte Vorschrift dieser Satzung betrifft das Fasten vor der Taufe, dem sich der Täufer, der Täufling und „einige andere", die nicht näher gekennzeichnet werden, unterziehen sollen.

Die Liturgie in der Zeit

Die junge Kirche hat ihre Differenz zum Judentum zuweilen nachhaltig hervorgekehrt; nichtsdestoweniger waren die jüdischen Einrichtungen der Boden und die Matrix der christlichen Institutionen. So findet der Bund mit Gott sowohl im alten Israel wie in der Kirche seinen gelebten Ausdruck in einem Wochenrhythmus mit einem je eigenen herausragenden Tag. Für die Christen ist dieser Tag der Sonntag, den der auferstandene Herr vor der Gruppe der Apostel als „Tag des Herrn" ausgezeichnet hat: er ist der erste Tag der Woche und – anstelle des Sabbat – der neue Fixpunkt für den Wochenrhythmus: „Am Abend dieses ersten Tages der Woche ... kam Jesus ... Acht Tage darauf ... kam Jesus ..." (Joh 20,19 und 26).

Aus diesem Grund kommen die christlichen Gemeinden seit der Auferstehung des Herrn jeden Sonntag zusammen. Die Apostelgeschichte erwähnt dies anläßlich des Besuchs des Paulus in Troas (20,7), und der Apostel selbst spricht davon anläßlich einer Geldsammlung für die Gemeinde in Jerusalem (1 Kor 16,2). Die *Didache* macht den Sonntag zum Gegenstand einer Satzung (Kap. 14): „An jedem Herrentag versammelt euch, brecht das Brot und sagt Dank ..." Dieselbe Satzung nennt auch die beiden wöchentlichen Fastentage, den Mittwoch und den Freitag, und fordert die Gläubigen auf, dreimal am Tag das Vaterunser zu beten (Kap.8), zwei Rhythmisierungen der Woche und des Tages, die auf jüdische Gebräuche zurückgehen.

Die regelmäßigen Versammlungen galten den Heiden als ein Erkennungsmerkmal der Christen, da die übrige Gesellschaft im Rhythmus des Monatskalenders und unregelmäßig wiederkehrender Feste lebte, während die Woche fast nur bei Bevölkerungsgruppen orientalischen Ursprungs einen höheren Stellenwert hatte. Ein Echo davon vernimmt man in einem Brief, den Plinius der Jüngere, Statthalter der Provinz Bithynien (im Norden der heutigen türkischen Hauptstadt Ankara), im Jahr 112 an Kaiser Trajan sandte. Seine Ausführungen sind naturgemäß vage, denn er war nur ein äußerer Beobachter, für den die Christen nicht mehr als eine verfolgte Minderheit waren, über die er sich von Apostaten informieren ließ:

> Sie versicherten, ihre ganze Schuld oder ihr ganzer Irrtum habe darin bestanden, daß sie sich an einem bestimmten Tage vor Sonnenaufgang zu versammeln pflegten, um Christus als ihrem Gott einen Wechselgesang zu singen ... Hernach seien sie auseinandergegangen und dann wieder zusammengekommen, um Speise zu sich zu nehmen, jedoch gewöhnliche, harmlose Speise, aber auch das hätten sie nach meinem Edikt, durch das ich gemäß Deinen Instruktionen Zusammenkünfte von Bruderschaften verboten hatte, unterlassen ...[4]

Die Erwähnung von „Versammlungen an einem bestimmten Tag" kann eine Anspielung auf den Sonntag sein, aber auch auf andere Versammlungstage wie den Mittwoch oder Freitag. Plinius spricht von Versammlungen vor Sonnenaufgang und von anderen am Abend, auf die die Christen verzichtet haben, nachdem ihnen die kaiserliche Macht, besorgt um die politische Sicherheit, die nächtlichen Zusammenkünfte verboten hatte. Vielleicht spielen seine Ausführungen also auf Gebetsversammlungen und die Eucharistie an.

Tatsächlich liest man in der Apostelgeschichte, daß die Jünger des Auferstandenen von Anfang an „an den Gebeten festhielten" (2,42-47). Darüber, wie dieses tägliche Gotteslob aussah, weiß man allerdings nicht viel. Zwar erblickten später verfaßte Abhandlungen über das christliche Gebet den Ursprung der drei Tag-

---

[4] Plinius der Jüngere, *Briefe,* 10. Buch, 96. Brief.

zeiten in gewissen apostolischen Handlungen, als da sind: die Versammlung der Apostel am Pfingsttag um die dritte Stunde (9 Uhr), das Gebet des Petrus auf dem Dach um die sechste Stunde (Mittag) und das Hinaufgehen von Petrus und Johannes zum Gebet in den Tempel um die neunte Stunde (15 Uhr), gemäß Apg 2,1.15; 10,9; 3,1. Hinzu nahm man noch den mitternächtlichen Lobpreis von Paulus und Silas im Gefängnis, nach Apg 16,25. Doch in diesen Berichten der Apostelgeschichte wird nirgends ausdrücklich gesagt, daß die Christen zu diesen verschiedenen Stunden tägliche Versammlungen abhielten.

Laut Apg 2,46 und 3,1 besuchte die apostolische Gemeinde regelmäßig den Tempel, so etwa Petrus und Johannes zur Zeit des Abendopfers, aber es gibt keinerlei Hinweis auf ein tägliches Gotteslob der Christengemeinden nach ihrem Ausschluß durch das offizielle Judentum oder später nach der Zerstörung des Tempels. Das letztgenannte Ereignis muß aber das Bewußtsein der jungen Kirche stark geprägt haben. Das alte Israel nämlich brachte Gott im Namen der Menschheit tägliche Opfer des Lobes dar, das war seine priesterliche Aufgabe. Doch nach der Zerstörung des Tempels konnte es diesen Gottesdienst nicht mehr versehen. Wurde der jungen Kirche in diesem Augenblick bewußt, daß sie künftig in der sonntäglichen Eucharistie dieses Priesteramt versehen mußte? Daß sich die *Didache* (14,2) die Worte des Propheten Maleachi (1,11.14) über das Opfer des Lobes zu eigen gemacht hat, könnte darauf hindeuten.

Man weiß fast nichts darüber, inwieweit die ersten Christengemeinden an den jährlichen Feiern des Judentums teilnahmen. Man erfährt nur, daß Paulus, als er in Milet die Ältesten der Gemeinde von Ephesus traf (Apg 20,16), es eilig hatte, weil er am Pfingstfest (des Jahres 58) in Jerusalem sein wollte. In seinen Briefen freilich betont derselbe Paulus nachdrücklich die Eigenständigkeit des christlichen Osterfestes (zum Beispiel 1 Kor. 5,7-8).

Die liturgischen Ämter

In den Schriften des Neuen Testaments und in der *Didache* lassen sich in der Entwicklung der christlichen Ämter und Dienste mehrere Formen und Etappen unterscheiden. Einige der Ämter gehören in den Bereich der Mission, so die der Apostel, Propheten und Didaskalen, die übrigen zur Institution der Gemeinden, wobei sich eine dreistufige Hierarchie herausbildet, mit Episkopen

(Bischöfen), Presbytern (Priestern) und Diakonen. Für die Dienste in den Gemeinden, die Lehre, die Mission, die Verwaltung und den Dienst an den Tischen gibt es diverse Bezeichnungen, die nach den Gebräuchen der einzelnen kulturellen Gruppen (palästinensische und hellenistische Juden) variieren.

Dennoch werden die genauen liturgischen Funktionen dieser Ämter nie erwähnt, und den Ablauf der Zusammenkünfte kennen wir nur aus den Unterweisungen, die Paulus der Gemeinde von Korinth gab: er spricht von den Reden in den Versammlungen und deutet an, daß jeder Anwesende, ob Mann oder Frau, beten und prophetisch reden durfte (1 Kor 11-12). Doch die Frage, wer den Feiern vorsteht, die unsere Kirchen seit einigen Jahrhunderten so sehr beschäftigt, wird im Neuen Testament, wahrscheinlich weil man sie für unproblematisch hielt, kaum angeschnitten. Nur anläßlich der Versammlung in Troas wird gesagt, daß Paulus zu ihnen sprach und „das Brot brach" (Apg 20,11).

Die *Didache* enthält zwar einige Vorschriften, die die Ämter und Dienste betreffen, doch deren liturgische Funktionen stehen dabei nicht im Vordergrund:

10,7. Den Propheten jedoch gestattet, Dank zu sagen, soviel sie wollen.

11,3. Betreffs der Apostel und Propheten: Verfahrt so, wie das Gebot des Evangeliums lautet! 4. Jeder Apostel, der zu euch kommt, werde empfangen wie der Herr. 5. Er soll jedoch nur einen Tag bleiben; wenn es nötig ist, auch einen zweiten! Wenn er aber drei Tage bleibt, ist er ein Lügenprophet ...

15,1. Wählt euch nun Bischöfe und Diakone, würdig des Herrn, sanftmütige Männer, nicht geldgierig, aufrichtig und bewährt! Sie leisten euch nämlich ebenfalls den Dienst von Propheten und Lehrern ...[5]

Die Riten der apostolischen Kirche

Neben dem Brotbrechen, das heißt dem Herrenmahl, und der Taufe erwähnen die Schriften des Neuen Testaments noch andere Riten, allerdings nur wenige. Vor allem geht es dabei um das Auflegen der Hände, das man vornimmt, damit der Getaufte den Heiligen Geist empfängt (Apg 8,15-17), damit Kranke geheilt werden (Apg 9,12.17; 28,8) oder damit Missionsreisen im Dienst

[5] *Didache,* 10,7; 11,3; 15,1; vgl. auch 1 Kor 12,28-29 und 1 Tim 3,1-13; 5,17.

der Gemeinde Erfolg haben (Apg 6,6; 13,1-3; 1 Tim 4,14; 5,22; 2 Tim 1,6).

Auf die Salbung der Kranken mit Öl wird kurz bei der Aussendung der zwölf Jünger angesprochen (Mk 6,13). Beschrieben wird diese Praxis im Jakobusbrief (5,14-16), wonach die Salbung nicht von Thaumaturgen vorgenommen wird, die über die Gabe verfügen, Krankheiten zu heilen (1 Kor 12,9; usw.), sondern von den Gemeindeältesten. Diese Stelle im Jakobusbrief ist übrigens auch die einzige, wo von der Vergebung jener Sünden die Rede ist, die nach der Taufe begangen wurden, eine Vergebung, die hier für den Kranken erlangt wird, weil man für ihn betet und ihn mit Öl salbt; die anderen Stellen im Neuen Testament, an denen von der Vergebung der Sünden die Rede ist, beziehen sich auf die Taufe.

3. Zeit des verborgenen Wachstums: Die Liturgie der christlichen Minderheiten

Wer die Entwicklung der liturgischen Einrichtungen schildert, hat allen Grund, das 2. und 3. Jahrhundert gesondert zu behandeln. Vom apostolischen Zeitalter unterscheidet sich diese Periode schon allein dadurch, daß es die Apostel nicht mehr gab und man neue Vorsteher für die christlichen Gemeinden finden mußte. Wichtige Ereignisse hatten zudem den Status der jungen Kirche modifiziert, so die Ablehnung durch das alte Israel und die Zerstörung des Tempels. Auch das eschatologische Bewußtsein hatte sich geändert, denn die Gemeinden erwarteten nicht mehr die baldige Wiederkunft des Herrn und schufen infolgedessen jene Institutionen, die für eine dauerhafte Existenz nötig waren.

Die Christengemeinden in den Städten des Reichs befanden sich damals in einer heiklen Situation, denn ihre Religion war nicht offiziell anerkannt. Sie waren Anklagen und Verleumdungen ausgesetzt und mußten oftmals sogar grausame Verfolgungen erdulden, ehe das Toleranzedikt von 313 ihnen die freie Religionsausübung gewährte.

Im Mittelmeerraum, wo sich zuvor bereits das Judentum der Diaspora angesiedelt hatte, entstanden auch die meisten Christengemeinden dieser Zeit, das heißt in Gebieten, die allesamt zum Römischen Reich gehörten. Von daher gab es eine gemeinsame Kultur, und auch die Verkehrsverbindungen, vor allem die zur See, waren für die damalige Zeit recht gut. Das Römische Reich war auf Verwaltungsebene noch nicht in Ost- und Westreich geteilt, sondern bildete noch ein einheitliches Ganzes, zusammengehalten nicht zuletzt durch den Gebrauch einer gemeinsamen Sprache, des Griechischen. Die jüdische Bibel aber (unser Altes Testament) war bereits in diese Sprache übersetzt worden, als die ersten christlichen Missionare zu predigen anfingen.

Was die innere Organisation betrifft, entwickelten sich die christlichen Gemeinden mehr oder minder autonom. Gewiß, es gab die Führung des Heiligen Geistes und die von den Aposteln begründeten gemeinsamen Traditionen, doch in jeder Stadt schuf man die Einrichtungen, die man gerade dort für nötig hielt, und erst später, nach den Verfolgungen, machten sich zentralisierende Tendenzen bemerkbar. Die Institutionen konnten also von Gemeinde zu Gemeinde variieren, je nach der Größe der Stadt, der Anzahl der dort existierenden Gemeinden, der Nähe zu jüdischen Gemeinden, der sozialen und kulturellen Herkunft der Mitglieder, usw.

Nach ihrer Ablehnung durch das offizielle Judentum wandten sich die christlichen Gemeinden den Heiden zu. Das aber setzte neben der Missionierung voraus, daß man der Glaubensunterweisung und vor allem dem Bibelstudium mehr Gewicht gab, denn die oft sehr hoch entwickelte religiöse und philosophische Kultur, von der diese Neubekehrten geprägt waren, war von Grund auf bibelfremd. Um ihrer neuen Aufgabe gerecht zu werden, gründeten und unterhielten die christlichen Gemeinden deshalb Katechetenschulen, wie etwa die, die Origenes in der ersten Hälfte des 3. Jahrhunderts in Alexandrien leitete.

Die Schaffung der Institutionen ging allmählich und nicht ohne Mühe vonstatten, mitunter waren tastende Versuche nötig. Denn immerhin mußte inmitten der Irrlehren gnostischer und anderer Gruppen der wahre christliche Weg gefunden werden. Besonders augenfällig ist dies bei der allmählichen Herausbildung des Kanons der Heiligen Schrift sowie bei der Entwicklung der kirchlichen Ämter, alles Dinge, die sich nachhaltig auf die Art auswirkten, wie man sich versammelte und den Gottesdienst zelebrierte.

Die Quellen

Schriftliche Dokumente gibt es schon in reicherer Zahl als in apostolischer Zeit. Bei den ersten christlichen Schriftstellern findet man einige Hinweise auf die liturgischen Einrichtungen und in manchen Fällen sogar annähernd systematische Beschreibungen. So informieren uns die Briefe des Bischofs Cyprian von Karthago (gest. 258) über die Art und Weise, wie er einige dieser Einrichtungen geschaffen oder weiterentwickelt hat, während uns Tertullian (im Jahre 211) einen allgemeinen Überblick gibt, als er in einer Erörterung, die den hohen Rang der mündlichen Überlieferung darlegen will, darauf zu sprechen kommt, welche Bedeutung sie in der Liturgie hat:

So zum Beispiel, um von der Taufe auszugehen, wenn wir ins Wasser treten, geben wir zu gleicher Zeit, aber auch schon einige Zeit vorher, in der

Kirche unter der Hand des Bischofs die Erklärung ab, daß wir dem Teufel, seiner Pracht und seinen Engeln widersagen. Sodann werden wir dreimal untergetaucht, wobei wir etwas mehr geloben, als der Herr im Evangelium bestimmt hat. Herausgestiegen, genießen wir eine Mischung von Milch und Honig und enthalten uns von jenem Tage an eine ganze Woche hindurch des täglichen Bades. Das Sakrament der Eucharistie, welches vom Herrn doch zur Essenszeit und allen anvertraut wurde, empfangen wir auch in frühmorgendlichen Versammlungen und aus der Hand keines andern als der Vorsteher. Die Opfer für die Verstorbenen bringen wir am Jahrestage als ihrem Geburtstage dar. Am Sonntage halten wir es für ein Unrecht, zu fasten oder auf den Knien zu beten. Eben desselben Vorrechtes erfreuen wir uns in der Zeit vom Passahtag bis Pfingsten. Auch erregt es uns Ängste, wenn etwas von dem uns eigentümlichen Kelche und Brote zu Boden fällt. Bei jedem Schritt und Tritt, bei jedem Eingehen und Ausgehen, beim Anlegen der Kleider und Schuhe, beim Waschen, Essen, Lichtanzünden, Schlafengehen, beim Niedersetzen und, welche Tätigkeit wir immer ausüben, drücken wir auf unsere Stirn das kleine Zeichen.[1]

– *Die unter dem Namen „Apostolische Überlieferung" (Traditio apostolica) bekannte Kirchenordnung*

Auch die Riten und liturgischen Gebete aus dieser Zeit sind uns zum Teil bekannt, weil sie durch Kirchenordnungen überliefert worden sind. Wichtig ist hier vor allem eine anonyme Sammlung, die um 1910 von Historikern dem Hippolyt von Rom zugeschrieben wurde und die sie *Traditio apostolica* nennen zu dürfen meinten. Dieser Titel stand nämlich auf dem Sockel einer Statue zu lesen, die zur Zeit der Renaissance wiedergefunden und restauriert wurde (1551), und die man lange für eine des Hippolyt hielt, bei der er sich aber einer jüngeren und stichhaltigeren Hypothese zufolge um eine Personifizierung der Philosophie handelt.

Das Dokument ist in einem mangelhaften Zustand auf uns gekommen: Das griechische Original ist verloren, und die älteste Übersetzung, die ins Lateinische (Ende des 5. Jahrhunderts), ist verstümmelt. Einige jüngere Textzeugen aus dem Osten (11.-19. Jahrhundert), in koptischer, arabischer und äthiopischer Sprache, haben einen vollständigeren Text überliefert, und in dem einen oder anderen Fall scheint es sich wirklich um den ganzen zu handeln; dennoch weichen diese Versionen an einigen Stellen voneinander ab.

---

1 Tertullian, *De corona,* 3-4, dt. »Vom Kranze des Soldaten«, München: Kösel und Pustet, 1916, *Bibliothek der Kirchenväter,* Reihe 1, Bd. 24, S. 236 f.

Was die Verfasserschaft betrifft, hilft, weil es sich um eine Sammlung von Vorschriften handelt, am ehesten der Vergleich mit Gesetzbüchern weiter. Bekanntlich tragen Gesetze nicht die Namen derer, die sie verfaßt haben, sondern die der Personen, die sie erlassen haben. Entsprechend sind auch die Kirchenordnungen anonyme Schriften, und die Namen, die möglicherweise mit ihnen verbunden sind, gehören entweder dem Kompilator, der sie zusammengestellt hat, oder dem, der sie mit seiner Autorität durchgesetzt hat, wenn es sich nicht ohnehin um eine späte Zuschreibung durch einen Kopisten handelt.

In dieser Schrift nun, *Traditio apostolica* genannt, findet sich kein Hinweis auf den Verfasser oder auch nur auf einen spezifisch römischen Ursprung. Hippolyt von Rom aber ist als Autor wichtiger theologischer Abhandlungen hervorgetreten, und nicht von Gesetzessammlungen. Seine Kirchenkarriere hat ihm im übrigen keinerlei Autorität in disziplinären Fragen verschafft, im Gegenteil. Tatsächlich hatte dieser römische Presbyter Auseinandersetzungen mit Papst Zephyrinus (199-217) und entzweite sich mit dessen Nachfolger Calixtus (217-222) so sehr, daß er die Leitung einer Gegengemeinde übernahm. Danach wurde er zusammen mit Papst Pontianus nach Sardinien deportiert, und nur seinem Martyrium ist es zu verdanken, daß er wieder in die Kirche aufgenommen wurde.

Die Analyse des Dokuments zeigt, daß es in der ersten Hälfte des 3. Jahrhunderts entstanden ist, und zwar in Syrien oder Alexandrien. Später wurde es – teilweise in überarbeiteter Form – in mehrere andere Sammlungen von Kirchensatzungen aufgenommen, und es ist schwer zu sagen, welche Art von Gemeinde der Adressat war: An der Taufliturgie etwa sind zahlreiche Amtsträger beteiligt, was eine einigermaßen große Kirche voraussetzt. Anderswo dagegen scheint die Gemeinde eher klein zu sein, da der Bischof ganz allein die Kommunion austeilt (Kapitel 22, unsicherer Text) und alle Kranken besucht (Kapitel 34).

Der Inhalt des Dokuments zeigt, daß man es in dieser Epoche mündlicher Überlieferung für nützlich hielt, die Vorschriften für gewisse liturgische Einrichtungen zu sammeln, denn es handelt nacheinander von den Ordinationen, der Eucharistie, der Taufe, den Versammlungen und dem Gebet.

In einem Überblick über die Ämter und Dienste wird das Handauflegen von dieser Kirchenordnung der Weihe von Bischöfen, Presbytern und Diakonen vorbehalten. Hinsichtlich dieser Ordinationen informiert sie uns sowohl über Elemente des Rituals wie über das Formular (Kap. 2-14). Das Ritual der Bischofsweihe wird in seinem liturgischen Rahmen vorgestellt, nämlich eingebettet in die sonntägliche Eucharistieversammlung, von deren Formular ein Element wiedergegeben wird: das eucharistische Hochgebet in Kap. 4, gefolgt von den Segnungen für die Gaben der Gläubigen (Öl, Käse, Milch, Oliven, Kap. 5 und 6).

Der zweite, recht lange Abschnitt handelt von der Taufordnung: Prüfung der Taufbewerber, Katechumenat, Tauffeier und Eucharistie der Neophyten. Sodann folgen, übergangslos, Vorschriften für die regelmäßigen Versammlungen (Abendliturgie, Gemeinschaftsmahl, Gebets- und Fastenzeiten, Aufgaben der Presbyter und Diakone) und für häusliche Verrichtungen (das Gebet der Eheleute, die Kreuzzeichen).

Die maßgebliche Ausgabe ist die von B. Botte[2], der in seiner französischen Übersetzung zugleich versucht hat, den Gesamttext zu rekonstruieren, was ihn manchmal zu Hypothesen verleitet hat, die von den erhaltenen Versionen nicht hinreichend gestützt werden.

– Die Didaskalie der Apostel

Hierbei handelt es sich ebenfalls um eine Kirchenordnung, doch nimmt die Liturgie darin weniger Platz ein als im vorigen Dokument. Die Schrift wendet sich vor allem an Bischöfe, denen gesagt wird, wie sie ihr Amt zu erfüllen haben. Behandelt werden darin die Organisation der Versammlungen und die Aufnahme von Fremden, die Osterfeiern, der Kalender und die Fastenzeit vor Ostern. Viel Platz wird auch der Rekonziliation der Sünder gewidmet, wobei großer Nachdruck auf die Barmherzigkeit gelegt wird, doch die liturgischen Aspekte des Vorgangs werden nicht beschrieben.

Das Werk wurde ursprünglich auf griechisch abgefaßt, doch dieses Original ist verlorengegangen. Der Text ist in Übersetzungen auf uns gekommen, vor allem in einer syrischen und einer lateinischen. Man datiert ihn auf die erste Hälfte des 3. Jahrhunderts,

---

2 Erschienen in *Liturgiewissenschaftliche Quellen und Forschungen* 39, Münster: Aschendorff. Eine zweisprachige Ausgabe der *Traditio apostolica,* die sich auf diese Edition von Botte stützt, findet sich in *Fontes Christiani,* Bd. 1, Freiburg u.a.: Herder, 1991. Nach ihr wird im folgenden zitiert.

und er scheint in Syrien, in der Gegend von Antiochien, enstanden zu sein.[3]

Die Versammlungen

Während die Ausübung anerkannter Religionen im Römischen Reich öffentlich erfolgte und ihren Ausdruck in Gebäuden, Monumenten und offiziellen Gottesdiensten fand, existierten die christlichen Gemeinden nur durch ihre Versammlungen. Verschiedener Gefahren wegen konnten sie nicht jeden Beliebigen daran teilnehmen lassen, mußten Eingangskontrollen durchführen und konnten sich zuweilen gar nur heimlich treffen. Prediger, Pastoren und Schriftsteller haben die Bedeutung dieser Versammlungen immer wieder betont und drängten die Christen, daran teilzunehmen. Hier drei Beispiele dafür unter vielen anderen:

> Wer also nicht zur Versammlung kommt, der ist schon vom Hochmut besessen ... Befleißigt euch daher, daß ihr häufiger zusammenkommt zur Feier der Eucharistie Gottes und zum Lobe.
>
> Kommet alle zusammen wie in einen Tempel Gottes, wie zu einem Altare, zu dem einen Jesus Christus ...
>
> Fliehet also die schlimmen Kunstgriffe und die Arglist des Fürsten dieser Welt ...; kommet vielmehr alle an einem Orte zusammen in ungeteiltem Herzen.[4]
>
> An dem Tage, den man Sonntag nennt, findet eine Versammlung aller statt, die in Städten oder auf dem Lande wohnen; dabei werden die Denkwürdigkeiten der Apostel oder die Schriften der Propheten vorgelesen ... Am Sonntage aber halten wir alle gemeinsam die Zusammenkunft, weil er der erste Tag ist, an welchem Gott durch Umwandlung der Finsternis und des Urstoffes die Welt schuf und weil Jesus Christus, unser Erlöser, an diesem Tage von den Toten auferstanden ist. Denn am Tage vor dem Saturnustage kreuzigte man ihn und am Tage nach dem Saturnustage, d. h. am Sonntage, erschien er seinen Aposteln und Jüngern und lehrte sie das, was wir zur Erwägung euch vorgelegt haben.[5]

---

[3] Eine deutsche Übersetzung wurde veröffentlicht von H. Achelis und J. Flemming, *Die syrische Didaskalia* (TU 25/2), Leipzig: Hinrichs'sche Buchhandlung, 1904 (enthält Text, Übersetzung und Kommentar).

[4] Ignatius von Antiochien (110-135?), *Briefe* (an die *Epheser* 5,3; *Magnesier* 7,2; *Philadelphier* 6,2), München: Kösel und Pustet, 1918, *Bibliothek der Kirchenväter,* Reihe 1, Bd. 35, S. 119, 122, 128, 144.

[5] Justin (um 152), *1. Apologie,* 67,3.8, in: *Frühchristliche Apologeten,* München: Kösel und Pustet, 1913, *Bibliothek der Kirchenväter,* Reihe 1, Bd. 12, S. 82 f.

Bei euren Zusammenkünften aber in den heiligen Kirchen, o Bischöfe, haltet eure Versammlungen in durchaus mustergültiger Weise ab ...

Wenn du aber lehrst, so befiehl auch und ermahne das Volk, daß es beständig in der Versammlung der Kirche sei und sich nicht zurückhalte, sondern daß es fortwährend versammelt sei, daß niemand die Kirche vermindere, indem er keine Versammlung besucht, und den Leib Christi um ein Glied ärmer mache ... *(An die Christen:)* Da ihr also Glieder Christi seid, so dürft ihr euch nicht zerstreuen aus der Kirche, indem ihr nicht zusammenkommt ... Beraubet nicht unsern Heiland seiner Glieder ... und achtet nicht eure weltlichen Angelegenheiten höher als das Wort Gottes, sondern lasset alles am Tage des Herrn und eilt voll Eifer zu eurer Kirche ... Wenn nicht, was haben die für eine Entschuldigung vor Gott, die nicht zusammenkommen am Tage des Herrn, das heilbringende Wort zu hören und göttliche Speise zu genießen, die ewig währt?

Seid somit eifrig bemüht, euch niemals der Versammlung der Kirche fernzuhalten ... Seid nun stetig versammelt mit den Gläubigen, die in der Kirche, eurer Mutter, leben, die lebendig ist und Leben spendet.[6]

In diesen drei Zeugnissen geht es vor allem um die sonntäglichen Versammlungen. Anderenorts ist aber auch von Zusammenkünften an Wochentagen die Rede.

Die Räumlichkeiten für die Versammlungen

Für das 2. und 3. Jahrhundert gibt es nur wenige archäologische Funde. Die christlichen Bauten aus der Zeit, von denen etwas erhalten geblieben ist, wurden in der Folge so stark verändert, vor allem durch Erweiterungen, daß sich ihr früherer Zustand kaum noch rekonstruieren läßt. Immerhin hat man im Osten Syriens Überreste einer Hauskirche unter dem Wüstensand gefunden, in Dura-Europos, einer Stadt, die nach ihrer Zerstörung im Jahre 265 nicht wiederaufgebaut worden war und seinerzeit den Römern als Militärlager am Euphrat diente. Das ursprünglich als Wohnhaus errichtete Gebäude war 232 zu einem christlichen Gemeindehaus umgebaut worden. Es glich den Nachbargebäuden, hatte zwei Stockwerke und mehrere Zimmer; eins davon, im Erdgeschoß, maß 12 x 5 Meter und bat Platz für Versammlungen mit dreißig bis fünfzig Personen; ein anderer Raum diente offenbar als Baptisterium.

---

6 *Didaskalie* (um 250), 12-13 (II, 57-61). Übersetzung H. Achelis/J. Flemming, a.a.O., S. 68-73.

Weitere Hinweise findet man in schriftlichen Quellen, vor allem bei dem Historiker Eusebius von Cäsarea (265-339). Er beschreibt die Entwicklung der Gemeinden und die Errichtung ihrer Häuser in der Zeit des Religionsfriedens, der auf das Edikt des Gallienus von 260 folgte, sodann die Zerstörung dieser Gebäude, welche ab 303 ein wesentliches Moment der Christenverfolgung unter Kaiser Diokletian war:

> Man konnte sehen, welch liebevoller Aufnahme sich die Leiter der einzelnen Kirchen bei allen Zivil- und Militärbeamten erfreuten. Wer gar vermöchte zu schildern jene tausendköpfigen Versammlungen und die Mengen derer, die Stadt für Stadt zusammentraten, und die herrlichen Zusammenkünfte in den Bethäusern? Da infolge hiervon die alten Gebäude nicht mehr genügten, erbaute man in allen Städten ganz neue und geräumige Kirchen ...
>
> Mit eigenen Augen haben wir gesehen, wie die Bethäuser vom First bis zum Estrich niedergerissen und von Grund aus zerstört und die göttlichen und heiligen Schriften mitten auf den öffentlichen Plätzen verbrannt wurden.[7]

Um die für die christlichen Versammlungen benutzten Gebäude zu bezeichnen, verwendet Eusebius noch den Ausdruck „Bethäuser“, doch er spricht auch von „Kirche“, was zunächst einmal die Versammlung selbst als das von Gott zusammengerufene Volk bezeichnet. Die Praxis, an die sich die Gemeinden in dieser für sie so heiklen Zeit hielten, zeigt auch, daß der christliche Gottesdienst nicht an ein bestimmtes Gebäude oder eine bestimmte Räumlichkeit gebunden ist, was ihn von anderen Religionen unterscheidet, deren Kult an Tempel gebunden ist. Der Ort der christlichen Synaxen ist nicht wie der Tempel die Wohnstätte einer Gottheit, sondern wie die Synagoge das Haus der Versammlung. Dem entspricht die Überzeugung, die nach den Juden auch die christlichen Gemeinden hatten, ein Volk Gottes zu sein, im Gegensatz zu den heidnischen Religionen, die an dergleichen nicht dachten, sondern von den Gottheiten nur einen größeren Schutz für das Gemeinwesen erflehten.

Die Gebäude, in denen sich die Gemeinden trafen, waren ursprünglich recht klein und ließen große Versammlungen nicht zu. Wie also war man in großen Städten wie Rom organisiert? Durch ein Dokument, das uns derselbe Eusebius überliefert hat, weiß man nämlich, daß es zur Zeit von Papst Cornelius, im Jahr 251, in der Reichshauptstadt schon zahlreiche Christen gab. Es handelt

---

[7] Eusebius von Cäsarea, *Kirchengeschichte* VIII, 1,5 und 2,1, München: Kösel und Pustet, 1913, *Bibliothek der Kirchenväter,* Reihe 2, Bd. 1, S. 372-374.

sich um eine Liste derer, die auf mildtätige Gaben angewiesen waren, teils Geistliche, teils Hilfsbedürftige:

(Es gibt) einen einzigen Bischof ..., 46 Priester, sieben Diakonen, sieben Subdiakonen, 42 Akolythen, 52 Exorzisten, Lektoren und Ostiarier und über 1500 Witwen und Hilfsbedürftige, welche alle die Gnade und Güte des Herrn ernährt.[8]

Auf der Grundlage dieser Angaben schätzen die Historiker die Zahl der Christen in Rom um die Mitte des 3. Jahrhunderts auf 10 000 bis 30 000. Das bedeutet, daß in den von Christen bewohnten Vierteln eine Vielzahl kleiner Versammlungen stattgefunden haben muß. Man weiß auch, daß einige dieser Gemeinden sich aus „Einwanderern" zusammensetzten, die vor allem aus den Ostprovinzen stammten und sich in der Hauptstadt niedergelassen hatten. Einige Versammlungen hielten weiter an den Traditionen ihrer Herkunftsprovinz fest, was für Konflikte sorgte, so insbesondere im Jahr 190, als es unter Papst Viktor zum Osterfeststreit kam.

Die Vergrößerung der Gebäude für die Versammlungen führte dazu, daß deren Anlage und Einrichtung, wie man in der *Didaskalie* lesen kann, durch Vorschriften geregelt wurde:

Bei euren Zusammenkünften aber in den heiligen Kirchen haltet eure Versammlungen in durchaus mustergültiger Weise ab und bestimmt für die Brüder sorgfältig die Plätze mit aller Schicklichkeit. Für die Presbyter aber werde der Platz an der Ostseite des Hauses abgesondert, und der Thron des Bischofs stehe mitten unter ihnen, und die Presbyter sollen bei ihm sitzen. Wiederum aber auf der anderen, östlichen Seite des Hauses sollen die männlichen Laien sitzen. So nämlich ziemt es sich, daß die Presbyter mit den Bischöfen an der Ostseite des Hauses sitzen, und danach die männlichen Laien, und alsdann die Frauen, daß, wenn ihr steht, um zu beten, die Leiter zuerst stehn, danach die männlichen Laien und alsdann wiederum die Frauen. Nach Osten zu müßt ihr nämlich beten, wie ihr ja wißt, daß geschrieben steht: „Gebt Gott die Ehre, der im höchsten Himmel einherfährt nach Osten zu" (Ps 68, 34).[9]

Die Eucharistiefeier

Die älteste Beschreibung der Eucharistiefeier findet man in der ersten *Apologie* des heiligen Justin (um 152). In dieser Schrift, die

---

8 Eusebius von Cäsarea, *Kirchengeschichte* VI, 41,11, München: Kösel und Pustet, 1932, *Bibliothek der Kirchenväter,* Reihe 2, Bd. 1, S. 314.

9 *Didaskalie,* 12 (II, 57,2-5), a.a.O., S. 68.

sich an Heiden wendet, will der Autor die Verleumdungen widerlegen, die über die Zusammenkünfte der Christen im Umlauf waren, und in einfachen Worten den Ablauf dieser Versammlungen schildern, wobei er auch die darin eingebetteten Taufen und Eucharistiefeiern beschreibt.

Nachdem wir den so getauft haben, der zum Glauben gelangt ist und sich uns angeschlossen hat, führen wir ihn in die Versammlung derer, die sich Brüder nennen, und verrichten dann in Andacht gemeinsame Gebete für uns selbst und für den Erleuchteten (=Neugetauften) und für alle anderen, die sich allüberall befinden ... Wenn wir das Gebet beendet haben, begrüßen wir einander mit dem heiligen Kuß.

Dann wird dem Vorsteher der Brüder Brot und ein Becher mit Wasser und mit Mischwein gebracht. Dieser nimmt (die Gaben entgegen) und sendet dem Vater des Alls durch den Namen des Sohnes und des Heiligen Geistes Lob und Preis empor und verrichtet eine längere Danksagung dafür, daß wir durch ihn dieser (Gaben) gewürdigt werden. Wenn er die Gebete und die Danksagung beendet hat, stimmt das ganze anwesende Volk mit Amen zu ... Hat der Vorsteher Dank gesagt und das ganze Volk zugestimmt, teilen die von uns Diakone Genannten jedem der Anwesenden Brot und Wein und Wasser, worüber die Danksagung gesprochen worden ist, (zum Genuß) aus und bringen (davon) den Abwesenden ...

Und an dem nach der Sonne benannten Tag wird eine gemeinsame Versammlung aller gehalten, die in den Städten und auf dem Land wohnen, und man liest die Denkwürdigkeiten der Apostel oder die Schriften der Propheten (vor), solange es die Zeit erlaubt. Wenn der Vorleser geendet hat, hält der Vorsteher eine Ansprache, durch die er zur Nachahmung dieser schönen (Lehren) mahnt und ermuntert. Danach stehen wir alle zusammen auf und senden Gebete (empor). Und, wie wir bereits gesagt haben, wenn wir das Gebet beendet haben, werden Brot herbeigebracht und Wein und Wasser, und der Vorsteher sendet Gebete ebenso wie auch Danksagungen empor nach seinem Vermögen, und das Volk stimmt zu, indem es das Amen spricht. Und (dann) geschieht für jeden die Verteilung und der Genuß von den (Gaben), über die Dank gesagt worden ist, und den Abwesenden wird (davon) durch die Diakone gesandt. Die Wohlhabenden und die wollen, geben jeder nach seinem Dafürhalten, was wer will, und das Eingesammelte wird beim Vorsteher hinterlegt, und dieser sorgt (damit) für die Waisen und Witwen ...; kurz gesagt, er wird zum Fürsorger für alle, die in Not sind.[10]

Man erkennt in diesem Zeugnis den Aufbau der Eucharistiefeier wieder, wie er sich seitdem erhalten hat, mit den folgenden Ele-

---

[10] Justin, *1. Apologie,* 65 und 67, dt. Übers. hier von H. B. Meyer, in ders.: *Gottesdienst der Kirche,* Teil 4, *Eucharistie,* Regensburg: Pustet, 1989, S. 101 f.

menten in eben dieser Reihenfolge: Wortgottesdienst mit Lesungen und Predigt, Gläubigengebet (Fürbitten), Friedenskuß und Gabenbereitung, eucharistisches Hochgebet mit dem „Amen" der Versammlung (die dabei steht), Kommunion (wobei auch den Abwesenden ihr Teil gesandt wird).

Der Friedenskuß steht am Ende der allgemeinen Fürbitten, ein Platz, den ihm vor dem 5. Jahrhundert alle Dokumente zuweisen, ob in Ost oder West. In späterer Zeit steht der Friedenskuß in Rom und Nordafrika am Ende des Hochgebetes und dient der Vorbereitung auf die Kommunion.

Der heilige Justin zählt für die christliche Versammlung alle Aspekte der kirchlichen Gemeinschaft auf: Gebete, eucharistische Kommunion, Austeilung, Hilfe für die Bedürftigen. Er vergißt nicht, darauf hinzuweisen, daß sich die Getauften als „Brüder" betrachten, sagt jedoch nichts mehr über ein Gemeinschaftsmahl.

Wie es zu diesem Gestaltwandel der Eucharistiefeier kam, deren Modell, das Abendmahl, doch zweifellos ein brüderliches Mahl war, wissen wir nicht, da es keine aussagekräftigen Zeugnisse gibt. Sicher liefen hier mehrere Entwicklungsstränge zusammen. Zuerst mag man an die rein materiellen Voraussetzungen denken: Der allzu enge Rahmen des Gemeinschaftsmahls dürfte von den immer größer werdenden Versammlungen gesprengt worden sein. Doch gewiß haben auch theologische Überlegungen sehr früh die Vorstellung vom „Herrenmahl" und in der Folge die liturgischen Entwicklungen beeinflußt.

So könnte sich etwa die Tradition des religiösen oder heiligen Mahls auf das Verständnis des „Herrenmahls" ausgewirkt haben. Jüdischen Vorstellungen entsprechend begriff man dieses Mahl anfangs als ein „*mit* Christus essen", der dem Zeugnis der Emmausjünger zufolge für den, der glaubt, anwesend ist. Dann trat eine Entwicklung in Richtung auf ein „Christus essen" ein, gemäß den Vorstellungen vom jüdischen Opfer („die Teilhabe am Altar" in 1 Kor 10,18) und vom heiligen Mahl der Heiden, wo die Überzeugung herrschte, die Gottheit sei in den ihr dargebrachten und von ihr angenommenen Gaben präsent (vgl. hierzu, was über das Götzenopfermahl in 1 Kor 8-10 gesagt wird).

Desgleichen mußten auch die Fortschritte im Verständnis des Mysteriums Christi und all dessen, was seine Göttlichkeit impliziert, notwendig neue liturgische Ausdrucksweisen hervorbringen, inspiriert von der umgebenden Kultur und ihren Formen der Frömmigkeit und Verehrung. Man erkennt es bereits in den Titeln, die

Christus verliehen wurden: In dem Knecht Gottes (oder seinem „Kind“, gemäß Jes 42, usw.), von dem die Apostelgeschichte (zum Beispiel 3,13.26; 4,27) spricht wie auch die *Didache* und die *Traditio apostolica,* erkannten die christlichen Gemeinden hernach den Logos (das Wort, die Vernunft), den Hirten, den Pädagogen, den wahren und einzigen Hohenpriester.

In der *Traditio apostolica* findet sich einiges über das Ritual der Kommunion und über die Achtung, die man den eucharistischen Gaben schuldet; interessanter noch ist der darin aufbewahrte Text eines eucharistischen Hochgebets, das bei der Bischofsweihe gesprochen wurde (Kap. 4). Zu bedenken ist allerdings, daß der griechische Originaltext verloren ist und wir auf Übersetzungen angewiesen sind:

1. Nachdem nun jemand zum Bischof eingesetzt worden ist, sollen ihm alle den Friedenskuß geben und ihn begrüßen, denn er hat die Würde erlangt. Die Diakone sollen ihm die Opfergabe reichen. Er breitet die Hände über der Gabe aus, und dabei soll er zusammen mit dem gesamten Presbyterium das Dankgebet sprechen: 2. Der Herr sei mit euch. Und alle sollen antworten: Und mit deinem Geiste. – Empor die Herzen. – Wir haben sie beim Herrn. – Laßt uns danksagen dem Herrn. – Das ist würdig und recht.

Und er soll so fortfahren:

3. Wir sagen dir Dank, Gott, durch deinen geliebten Knecht Jesus Christus, den du uns in diesen letzten Zeiten als Retter, Erlöser und Boten deines Willens gesandt hast. Er ist dein von dir untrennbares Wort, durch ihn hast du alles geschaffen zu deinem Wohlgefallen, ihn hast du vom Himmel gesandt in den Schoß einer Jungfrau. Im Leib getragen, wurde er Mensch und offenbarte sich als dein Sohn, geboren aus dem Heiligen Geist und der Jungfrau. Der deinen Willen erfüllen und dir ein heiliges Volk erwerben wollte, hat in seinem Leiden die Hände ausgebreitet, um die von Leiden zu befreien, die an dich geglaubt haben. 4. Als er sich freiwillig dem Leiden auslieferte, um den Tod aufzuheben, die Fesseln des Teufels zu zerreißen, die Unterwelt niederzutreten, die Gerechten zu erleuchten, eine Grenze zu ziehen und die Auferstehung kundzutun, nahm er Brot, sagte dir Dank und sprach: Nehmt, eßt, dies ist mein Leib, der für euch zerbrochen wird. Ebenso nahm er den Kelch und sprach: Dies ist mein Blut, das für euch vergossen wird. Wenn ihr dies tut, tut ihr es zu meinem Gedächtnis.

5. Seines Todes und seiner Auferstehung eingedenk bringen wir dir das Brot und den Kelch dar. Wir sagen dir Dank, daß du uns für würdig erachtet hast, vor dir zu stehen und dir zu dienen. 6. Auch bitten wir dich, deinen Heiligen Geist auf die Gabe der heiligen Kirche herabzusenden. Du versammelst sie zur Einheit, so gib allen, die sie (die Opfergabe) empfangen, Erfüllung mit Heiligem Geist zur Stärkung des Glaubens in der Wahrheit, daß wir dich loben und verherrlichen durch deinen Knecht Jesus Christus, 7. durch den Herrlichkeit und Ehre ist dem Vater und dem Sohn mit

dem Heiligen Geist in deiner heiligen Kirche jetzt und von Ewigkeit zu Ewigkeit. Amen.[11]

Man weiß nicht, ob dieses Formular vollständig ist oder ob es sich nur um das Schema eines Hochgebets handelt, so daß der Zelebrant Ergänzungen vornehmen konnte. Man entdeckt darin jedenfalls die Grundstruktur aller späteren Hochgebete (die Ziffern beziehen sich auf die Einteilung des vorstehenden Textes):

– zuerst ein dreigegliederter Dialog (2);
– dann eine Einleitungsformel mit Danksagung und eine Anamnese (Gedächtnis) des von Christus vollendeten Heilswerkes, die mit dem Bericht von der Einsetzung der Eucharistie endet (3-4);
– eine Darbringungsformel, eingeleitet von einer Pascha-Anamnese und gefolgt von einer zweiten Danksagungsformel (5);
– eine Epiklese des Heiligen Geistes über die Gaben und die Versammlung, verbunden mit einer Aufforderung zum Lobpreis (6);
– eine trinitarische Doxologie (7).

Es handelt sich um ein in sich geschlossenes Ganzes, während das Eucharistieformular der *Didache* aus einer Folge von Segnungen bestand (vgl. oben, S. 27). Ein zur gleichen Zeit entstandenes Dokument, die *Didaskalie* (Kap. 12; II, 58,3), scheint allerdings einen Hinweis auf ein Formular zu enthalten, das zwischen zwei Zelebranten aufgeteilt werden konnte. Anläßlich des Empfangs eines fremden Bischofs durch den Ortsbischof heißt es dort: „Wenn ihr das Opfer darbringt, so soll er reden; wenn er aber weise und höflich ist und dir die Ehre gibt und nicht darbringen will, so soll er wenigstens über dem Becher reden." Ein aus mehreren Segnungen bestehendes Formular, wie das der *Didache,* ließ sich naturgemäß sehr gut auf mehrere Stimmen verteilen.

Diese wenigen Hinweise sind alles, was wir über die Entwicklung des Eucharistieformulars wissen, das anfangs aus einer Reihe von Segnungen bestand *(Didache)* und später zu einem durchkomponierten Ganzen wurde, das alle Elemente der früheren Segnungen in sich aufnahm.

Die Synaxen im Lauf der Woche

Für die Zeit des 2. und 3. Jahrhunderts fehlen uns präzise Angaben darüber, wann und wie oft Zusammenkünfte an Wochentagen statt-

[11] *Traditio apostolica,* a.a.O., S. 221-227.

fanden. Eine einheitliche Praxis wird es nicht gegeben haben, zum einen wegen der Vielzahl lokaler Traditionen, dann aber auch, weil die Versammlungsmöglichkeiten in Zeiten der Verfolgung begrenzter waren als in Friedenszeiten, wo man regelmäßig zusammenkommen konnte. Die meisten, wenn auch interpretationsbedürftigen Hinweise hierzu findet man wieder in der *Traditio apostolica* (Kap. 25-41). Dort ist die Rede von Abendversammlungen, vom Gemeinschaftsmahl, vom Mahl der Witwen und von morgendlichen Versammlungen, zu denen eine Unterweisung gehörte:

Wenn der Bischof anwesend ist, trägt der Diakon bei Anbruch der Dunkelheit die Lampe herein. Inmitten aller Gläubigen stehend soll er (der Bischof) danksagen ...:

Wir sagen dir Dank, Herr, durch deinen Sohn Jesus Christus, unseren Herrn, durch den du uns erleuchtet hast in der Offenbarung des unvergänglichen Lichtes. Wir haben den Tageslauf vollendet und sind zum Anfang der Nacht gelangt. Wir haben uns gesättigt am Licht des Tages, das du zu unserer Stärkung geschaffen hast. Da wir nun durch deine Güte des Abendlichtes nicht entbehren, loben und verherrlichen wir dich durch deinen Sohn Jesus Christus, unseren Herrn, durch den dir Herrlichkeit, Macht und Ehre ist mit dem Heiligen Geist, jetzt und immer und in Ewigkeit. Amen.

Und alle sollen sagen: Amen. Nach dem Mahl soll man sich zum Gebet erheben. Die Kinder sollen Psalmen sprechen, ebenso die Jungfrauen.[12]

Die folgenden Punkte dieser Kirchenordnung sind etwas undurchsichtig. Da ist die Rede von einer Kelchkommunion und vom Brotbrechen, beides begleitet von einer passenden Psalmenrezitation. Dann folgen Vorschriften, die das Gemeinschaftsmahl mit Beteiligung des Bischofs betreffen und das Mahl der Witwen. Erwähnt werden auch Ansprachen des Bischofs während des Mahls.

Sobald die Gläubigen erwacht und aufgestanden sind, sollen sie noch vor Beginn ihrer Arbeit zu Gott beten und sich dann an ihre Arbeit begeben. Findet aber irgendwo eine Unterweisung durch das Wort statt, soll man dieser den Vorzug geben, dorthin gehen und zur Stärkung seiner Seele das Wort Gottes hören (Kap. 41: soll man an ihr teilnehmen im Bewußtsein, daß es Gott selbst ist, den man in dem, der lehrt, hört). Man soll auch zur Kirche hin eilen, dorthin, wo der Geist lebendig ist.[13]

Im weiteren werden die Zeiten des täglichen Gebets festgelegt, wobei zur Begründung der zeitliche Ablauf der Passion Christi herangezogen wird: Die Gebete der dritten, sechsten und neunten

---

[12] *Traditio apostolica,* a.a.O., S. 275 und 277.

[13] Kap. 35 und 41, a.a.O., S. 293 und 299.

Stunde werden mit der Kreuzigung und dem Tod des Herrn in Zusammenhang gebracht. Der Abschnitt endet mit Ratschlägen für das Gebet zu Hause und im Kreis der Familie.

Die Hinweise in diesen alten Quellen sind leider allzuoft sehr knapp, so daß wir, mit Ausnahme des Sonntagsgottesdienstes, nicht genau wissen, welche anderen Versammlungen regelmäßig in jeder Kirche abgehalten wurden. Gern wüßte man auch mehr über die Praxis des Gemeinschaftsmahls, der Agape, aber der Brief des *Ignatius an die Smyrner* (8,1) enthält, ohne nähere Angaben, nur diese Warnung: „Ohne den Bischof ist es weder erlaubt zu taufen noch ein Liebesmahl abzuhalten". Das sagt uns nicht viel mehr als der *Brief des Judas* (12), der das Liebesmahl nur erwähnt, um die schlechten Tischsitten zu geißeln.

Die Taufliturgie

Mehrere Schriftsteller des 2. und 3. Jahrhunderts sprechen von der Taufe, so etwa Tertullian, dessen Zeugnis weiter oben, zu Beginn des Kapitels (S. 38 f.), wiedergegeben wurde, und der eine kleine Abhandlung über das Thema schrieb, dabei aber kaum auf das Zeremoniell eingegangen ist. Ebenso tat es vor ihm bereits der heilige Justin:

Alle, die sich von der Wahrheit unserer Lehren und Aussagen überzeugen lassen, die glauben und versprechen, daß sie es vermögen, ihr Leben danach einzurichten, werden angeleitet zu beten und unter Fasten Verzeihung ihrer früheren Vergehungen von Gott zu erflehen. Auch wir beten und fasten mit ihnen. Dann werden sie von uns an einen Ort geführt, wo Wasser ist, und werden neu geboren in einer Art von Wiedergeburt, die wir auch selbst an uns erfahren haben; denn im Namen Gottes, des Vaters und Herrn aller Dinge, und im Namen unseres Heilandes Jesus Christus und des Heiligen Geistes nehmen sie alsdann im Wasser ein reinigendes Bad ... Es heißt aber dieses Bad Erleuchtung, weil diejenigen, die das an sich erfahren, im Geiste erleuchtet werden. Aber auch im Namen Jesu Christi, des unter Pontius Pilatus Gekreuzigten, und im Namen des Heiligen Geistes, der durch die Propheten alles auf Jesus Bezügliche vorherverkündigt hat, wird der, welcher die Erleuchtung empfängt, abgewaschen ...

Wir aber führen nach diesem Bade den, der gläubig geworden und uns beigetreten ist, zu denen, die wir Brüder nennen, dorthin, wo sie versammelt sind ...[14]

---

[14] Justin, *1. Apologie,* a.a.O. [Anm. 5], S. 74-80.

Doch am besten informiert uns die *Traditio apostolica* über die Taufe. In den Kapiteln 15 bis 21 wurden die Elemente mehrerer Taufrituale zusammengestellt, von denen man freilich nicht weiß, in welchen Gemeinden sie in Gebrauch waren. Dennoch stimmen die Angaben mit den verstreuten Hinweisen überein, die man in anderen Dokumenten derselben Epoche findet. Diese Schrift wird uns daher bei der Darstellung der Tauffeier und ihrer Vorbereitung als Leitfaden dienen.

– Die Vorbereitung auf die Taufe oder das Katechumenat

Während die Zeugnisse aus der apostolischen Zeit der Vorbereitung auf die Taufe keine deutlichen Umrisse geben, lassen die Dokumente des 2. und 3. Jahrhunderts ein gut organisiertes Katechumenat erkennen. Die *Traditio apostolica* legt seine Dauer auf drei Jahre fest und unterteilt es in zwei Abschnitte, die jeweils mit einer Prüfung der Taufbewerber beginnen. Der ersten Zulassung geht eine eingehende Befragung voraus:

Diejenigen, die erstmals zum Hören des Wortes kommen, sollen, bevor das ganze Volk eintritt, zuerst vor die Lehrer geführt werden, damit man sie nach dem Grund frage, weshalb sie sich dem Glauben zugewandt haben. Jene, die sie herbeigeführt haben, sollen Zeugnis für sie ablegen, ob sie auch fähig sind, das Wort zu hören. Man erkundige sich nach ihrer Lebensweise, ob einer eine Frau habe oder ob er Sklave sei ...

Die Prüfung wird von Katecheselehrern durchgeführt. Die Bewerber werden von Vertrauenspersonen vorgestellt, die für sie Zeugnis ablegen müsssen; man erkennt darin unschwer erste Hinweise auf die Taufpatenschaft. Die Prüfungsfragen betreffen die Gründe für die Bekehrung, den Personenstand und vor allem den Beruf, weshalb auch eine lange Liste von Berufen und Tätigkeiten folgt, die mit dem christlichen Glauben unvereinbar sind. Ausgeschlossen sind alle Personen, deren Tätigkeiten im Widerspruch zur christlichen Moral stehen oder Bezug auf heidnische Kulte haben, so die Beamten und Soldaten, weil sie dem Kaiser einen Eid schwören mußten, so auch die Lehrer und Schauspieler, weil sie heidnische Mythen unterrichten beziehungsweise darstellen.

Über den Inhalt des Unterrichts, der in den drei Vorbereitungsjahren erteilt wird, wird nichts gesagt. In der Gemeinde bilden die Katechumenen eine eigene Gruppe, getrennt von den Gläubigen. Der Friedenskuß ist ihnen verwehrt, doch dafür legt ihnen der Lehrer nach den katechetischen Zusammenkünften die Hand auf und betet für sie.

Der zweite Abschnitt des Katechumenats bereitet unmittelbar auf die Taufe vor. Über seine Dauer wird allerdings nichts gesagt. Er beginnt mit einer neuen Prüfung:

Bei der Auswahl der Täuflinge prüfe man zuerst ihren Lebenswandel: ob sie während des Katechumenats ehrbar gelebt, die Witwen unterstützt, Kranke besucht, ob sie alle Arten von guten Werken getan haben. Wenn diejenigen, die sie herbeigeführt haben, von ihnen bezeugen, daß dem so sei, dann sollen sie das Evangelium hören dürfen.

Danach wurden die Täuflinge täglich durch Handauflegung exorzisiert. Dabei ging es nicht darum, Dämonen auszutreiben, vielmehr waren diese Exorzismen Reinigungsriten, mit denen man Gott darum bat, die Täuflinge vom Einfluß der als dämonisch betrachteten heidnischen Kulte zu befreien.

– *Die Tauffeier*

Wie schon bei Justin erwähnt, findet die Tauffeier am Sonntag statt, am Tag der Gemeindeversammlung. Tertullian zufolge ist der „feierlichste Tag für die Taufe der Ostertag“ *(Über die Taufe,* 19). In der *Traditio apostolica* indes wird keine ausdrückliche Verbindung zwischen der Taufe und dem Osterfest hergestellt:

Man soll die Täuflinge anweisen, sich am Donnerstag zu baden und zu waschen. Wenn eine Frau menstruiert, soll man sie zurückstellen, und sie soll die Taufe an einem anderen Tag empfangen. Die Täuflinge sollen am Freitag fasten. Am Sabbat sollen sich nach Anweisung des Bischofs die Täuflinge an einem Ort versammeln. Dann fordert er sie alle auf, zu beten und die Knie zu beugen. Unter Handauflegung beschwört der Bischof alle fremden Geister, sie zu verlassen und nicht mehr in sie zurückzukehren. Wenn er den Exorzismus vollzogen hat, soll er ihr Gesicht anhauchen und nach Bekreuzigung von Stirn, Ohren und Nasen läßt er sie aufstehen. Sie sollen die ganze Nacht wachend verbringen; man soll ihnen vorlesen und sie unterweisen. Die Täuflinge sollen nichts mitbringen außer dem, was ein jeder für die Eucharistie mitbringt.

Nach der Nachtwache oder Vigil findet die Taufzeremonie bei Sonnenaufgang statt. Antiken Vorstellungen zufolge geht die Nacht mit dem Licht schwanger, was die Christen im Rahmen einer Oster- und Taufsymbolik als Auferstehung interpretierten.

Zur Zeit des Hahnenschreis soll man zunächst über das Wasser beten. Es soll Wasser sein, das aus einer Quelle fließt oder von oben herabfließt. So soll man es halten, wenn die Verhältnisse es nicht anders erzwingen. In einer andauernden und bedrückenden Zwangslage kann man sich jedoch des Wassers bedienen, das man gerade vorfindet.

Der Text dieses Gebets über das Wasser ist uns nicht bekannt. Der Vorzug wird dem Wasser aus einer Quelle gegeben sowie dem, das „von oben herabfließt“: Vielleicht eine Anspielung auf die Wasserversorgung in den römischen Städten durch Aquädukte? Doch nichts wird über die Örtlichkeiten gesagt: Wird die Taufe draußen gefeiert, in der Nähe eines Wasserlaufs, oder im Atrium eines Privathauses oder in einer eigens dafür bestimmten Räumlichkeit? Auf jeden Fall wurde sie nicht in der Versammlung gefeiert, denn wie später angegeben wird, werden die Neugetauften erst nach dem Taufbad in die Versammlung geführt. Vielleicht muß man hier an die Hauskirche von Dura-Europos denken, in der es einen eigenen, vom Versammlungssaal getrennten Raum für die Taufen gab, wie man aufgrund der Existenz eines Taufbeckens und der Motive der Fresken geschlossen hat.

Kurz vor dem Taufbad legen die Täuflinge ihre Kleider ab. Das Ritual bestimmt sodann die Reihenfolge: Zuerst werden die Kinder getauft, dann die Männer, zuletzt die Frauen. Eltern sollen anstelle ihrer Kinder antworten, wenn diese noch nicht selbst dazu in der Lage sind. Danach werden zwei verschiedene Öle geweiht: das sogenannte Öl der Danksagung, über das der Bischof das Danksagungsgebet spricht und mit dem er die Getauften salbt, und das Öl des Exorzismus, das in dem Moment zur Anwendung kommt, wo Satan widersagt wird:

Der Presbyter nimmt jeden einzelnen Täufling in Empfang und fordert ihn auf, mit folgenden Worten zu widersagen: „Ich widersage dir, Satan, all deinem Pomp und all deinen Werken.“ Nachdem jener widersagt hat, salbt ihn der Presbyter mit dem Öl des Exorzismus unter folgenden Worten: „Jeder böse Geist weiche von dir.“ Daraufhin übergibt er ihn unbekleidet dem Bischof oder dem Presbyter, der in der Nähe des Taufwassers steht.

In den Widersagungsworten bezeichnet der Ausdruck „Pomp“ die heidnischen Opferprozessionen sowie den Götzendienst im allgemeinen. Die Formel, mit der der Liturg die Salbung begleitet, gibt dem Ritus seinen Sinn: „Jeder böse Geist weiche von dir.“ Die Erwähnung mehrerer Amtsträger zeigt, daß dieser Teil des Taufrituals in einer größeren Gemeinde entstanden sein muß, in der die Zahl der Täuflinge es erforderlich machte, daß dem Bischof mehrere Helfer zur Seite standen.

Der dreimalige Taufvorgang selbst wird begleitet von einem Glaubensbekenntnis in Form von Frage und Antwort:

Ein Diakon soll danach mit ihm hinabsteigen. Sobald der Täufling ins Wasser hinabgestiegen ist, legt der Täufer ihm die Hand auf und fragt: „Glaubst du an Gott, den allmächtigen Vater?" Und der Täufling soll antworten: „Ich glaube." Und sogleich, während die Hand auf seinem Haupt liegt, tauft er ihn zum erstenmal. Und darauf fragt er: „Glaubst du an Christus Jesus, den Sohn Gottes, der geboren ist vom Heiligen Geist aus der Jungfrau Maria, der unter Pontius Pilatus gekreuzigt wurde, gestorben, am dritten Tage lebend von den Toten auferstanden und zum Himmel aufgestiegen ist, zur Rechten des Vaters sitzt, der kommen wird, zu richten die Lebenden und die Toten?" Und wenn jener gesagt hat: „Ich glaube", soll er ein zweites Mal getauft werden. Erneut fragt er: „Glaubst du an den Heiligen Geist in der heiligen Kirche und an die Auferstehung des Fleisches?" Der Täufling soll sagen: „Ich glaube", und so soll er ein drittes Mal getauft werden.

Nach dem dreimaligen Taufbad wurden folgende Kulthandlungen vorgenommen:

1. Ein Presbyter salbt den Getauften und spricht dabei: „Ich salbe dich mit heiligem Öl im Namen Jesu Christi." Es handelt sich um das Öl der Danksagung, das zu Beginn der Feier geweiht wurde.
2. Die Getauften kleiden sich an und gehen in die Kirche.
3. Der Bischof legt ihnen die Hand auf und spricht eine Geistbitte.
4. Der Bischof salbt sie mit dem Öl der Danksagung und spricht: „Ich salbe dich mit heiligem Öl in Gott, dem allmächtigen Vater, in Christus Jesus und im Heiligen Geist."
5. Er bekreuzigt sie auf der Stirn.
6. Er gibt jedem Neugetauften den Friedenskuß und sagt: „Der Herr sei mit dir." Worauf dieser antwortet: „Und mit deinem Geist".

Dieses Bündel von Riten ist so komplex, daß es wohl kaum zu einem einzigen Ritual gehört hat, um so mehr, als es hier eine Salbung zuviel zu geben scheint (vgl. Nr. 1 und 4). Glaubt man anderen Zeugen derselben Epoche, folgte auf das Taufbad ein einfacheres Ritual. So erwähnt etwa Tertullian in seiner Abhandlung *Über die Taufe* nur eine Salbung und eine Handauflegung.

Eine weitere Schwierigkeit: Die Geistbitte, welche die Handauflegung begleitet (Nr. 3), verlangt auch einige Erklärungen, denn sie ist in zwei Gestalten auf uns gekommen. In einer älteren, lateinischen Fassung und – hier in eckige Klammern gesetzt – in einer koptischen Version:

Herr Gott, du hast sie gewürdigt, durch das Bad der Wiedergeburt des Heiligen Geistes die Vergebung der Sünden zu erlangen [Herr Gott, mache sie würdig, mit Heiligem Geist erfüllt zu werden]. Sende in sie deine Gnade, damit sie dir nach deinem Willen dienen. Denn dein ist die Herrlichkeit, Vater und Sohn mit dem Heiligen Geist in der heiligen Kirche, jetzt und von Ewigkeit zu Ewigkeit. Amen.

Der Unterschied ist wichtig, denn in der lateinischen Fassung gilt die Taufe als „Bad der Wiedergeburt des Heiligen Geistes" und zwischen der Handauflegung und dem Heiligen Geist wird keine Verbindung hergestellt. In der anderen Fassung dagegen ist die Gabe des Heiligen Geistes mit der Handauflegung verbunden, die der Bischof nach der Taufe vornimmt. Die Differenz zwischen den beiden Versionen spiegelt die Vielzahl liturgischer Gebräuche in der damaligen Zeit wider: In einigen Kirchen, vor allem in Syrien, gibt es nach dem Taufbad weder eine Salbung und noch eine Handauflegung, und die Gabe des Heiligen Geistes wird mit der Taufe selber verknüpft. Ein Echo davon findet man in der *Didaskalie* (Kap. 10; II, 41,2), wo diese die Wiederaufnahme der Büßer in die Kirche mit der Taufe vergleicht: „Denn entweder durch Handauflegung (bei der Rekonziliation) oder durch die Taufe kommt es zur Geistmitteilung."

– Die Taufeucharistie

Unmittelbar auf die Taufe folgt die Eucharistie, und in unserem Dokument finden sich einige Hinweise zu den besonderen Riten dieser Taufeucharistie.

Danach beten (die Neugetauften) zusammen mit dem ganzen Volk. Denn sie dürfen erst dann zusammen mit den Gläubigen beten, wenn sie dies alles erhalten haben. Nach dem Gebet sollen sie einander den Friedenskuß geben. Dann soll dem Bischof von den Diakonen die Opfergabe gereicht werden. Er soll danksagen: über das Brot als Abbild des Leibes Christi; über den Kelch mit gemischtem Wein als Abbild des Blutes, das für alle vergossen wurde, die an ihn glauben; über die Mischung aus Milch und Honig, um darauf hinzuweisen, daß sich die den Vätern gegebene Verheißung erfüllt hat, die von dem Land spricht, in dem Milch und Honig fließen. Dies ist das Fleisch, das Christus hingegeben hat. Von ihm nähren sich die Gläubigen wie kleine Kinder, von ihm, der durch die Süße des Wortes die Bitterkeit des Herzens lieblich macht. (Er soll danksagen:) über das Wasser zur Darbringung, um das Bad (der Taufe) anzudeuten, damit der innere Mensch, die Seele, die gleichen Wirkungen erhält wie der Leib. Alles dieses erkläre der Bischof denen, die die Kommunion empfangen.

Beim Brechen des Brotes und wenn er die einzelnen Stücke reicht, soll er sagen: „Brot des Himmels in Christus Jesus." Der Empfangende soll antworten: „Amen." Wenn die Presbyter zur Austeilung nicht ausreichen, sollen auch Diakone die Kelche halten. Sie sollen in der gebotenen Ordnung dastehen: als erster der mit dem Wasser, als zweiter der mit der Milch, als dritter der mit dem Wein. Jeder soll nacheinander von jedem Kelch kosten. Dabei soll der, der ihn reicht, bei dem jeweiligen Kelch sagen: „In Gott, dem allmächtigen Vater." Der Empfangende soll sagen: „Amen." (Dann, beim nächsten Kelch:) „Und im Herrn Jesus Christus." (Und er soll wiederum antworten:) „Amen." Schließlich beim dritten Kelch: „Und im Heiligen Geist und der heiligen Kirche." Wie vorher soll er sagen: „Amen." So soll man bei jedem einzelnen (Kommunikanten) verfahren ...

Die Kommunion mit Milch und Honig wird auch von Tertullian bezeugt, in dem Passus, den wir zu Beginn dieses Kapitels zitiert haben (S. 39).

– Entwicklung des Taufzeremoniells

Während Justin noch nicht viel über das Taufzeremoniell mitgeteilt hat, schildert die *Traditio apostolica* bereits eine recht komplexe Einrichtung: Zu ihr gehört eine lange Vorbereitung mit Unterweisung und Exorzismen, dann ein Ritual, das mehrere Handlungen umfaßt, so die Widersagung Satans, Salbungen vor und nach dem Taufbad, ein dreimaliges Untertauchen, ein dialoghaftes Glaubensbekenntnis und postbaptismale Riten. Diese Entwicklung der Taufeinrichtung erklärt sich aus der Ausbreitung des Christentums in einer heidnischen Umgebung. Weil die Christengemeinden es mit Taufbewerbern zu tun hatten, die völlig durchdrungen vom Götzendienst waren, der ihre Mentalität und ihr Verhalten prägte, intensivierten sie die Vorbereitung auf die Taufe, um den Ernst der Bekehrung sicherzustellen, den Geist der Heiligen Schrift zu verbreiten und die Bekehrten völlig von der alten Götzenanbetung zu befreien.

Da nur das Bad und die Handauflegung apostolischen Ursprungs sind, hat man sich gefragt, woher die Salbungen kommen, die in das Taufritual aufgenommen wurden. Es dürfte sich, so meint man, um den Einfluß antiker Badebräuche handeln, zu denen damals gewöhnlich auch das Einreiben mit Öl gehörte. Die Taufsalbungen wären demnach christianisierte (oder inkultierte) kulturelle Gebräuche: Aus etwas ganz Alltäglichem haben die Christen Ausdruckshandlungen gemacht, die gewisse Aspekte des Taufmysteriums visualisieren.

Der Tradition entsprechend, wie sie in den antiken Quellen gut bezeugt und im Ritual der Erwachsenentaufe heute noch lebendig ist, vereint die Taufliturgie in einer einzigen Feier das Taufbad, Formen der Geistmitteilung und die Eucharistie.

Ämter und Ordinationen

In den christlichen Gemeinden haben einige der Mitglieder einen besonderen Status, sei es wegen der Ämter, die sie bekleiden, wegen ihrer besonderen Lebensumstände oder weil sie an den Darbringungen beteiligt sind. Die *Traditio apostolica* faßt diese Personen in folgender Liste zusammen (Kap. 2-14): Bischof, Presbyter, Diakone, Bekenner, Witwen, Lektor, Jungfrau, Subdiakon, Geistheiler. Aus dem Dokument geht hervor, daß es ein Ordinationsritual gab, in dessen Zentrum die Bitte um die Herabkunft des Heiligen Geistes stand, der die Amtsgnade gewährt. Wir erfahren, daß für die drei ersten Ämter der Liste eine Handauflegung vorgesehen war, und werden über einige Riten sowie über das Formular für diese drei Ordinationen informiert.

Für die Bischofsweihe sah diese Kirchenordnung folgenden Ablauf vor:

> Zum Bischof soll eingesetzt werden, wer vom ganzen Volk gewählt wurde und wer untadelig ist. Sobald er vorgeschlagen ist und alle zugestimmt haben, soll sich das Volk am Sonntag mit dem Presbyterium und den anwesenden Bischöfen versammeln. Unter Zustimmung aller sollen diese dem Kandidaten die Hände auflegen, und das Presbyterium soll still dabeistehen. Alle sollen schweigen und in ihrem Herzen um die Herabkunft des Heiligen Geistes beten. Auf die Bitten aller hin soll einer der anwesenden Bischöfe dem Kandidaten für das Bischofsamt die Hand auflegen und dabei folgendermaßen beten ...

Das Weihegebet dieses Dokuments wurde in das heutige römische Ritual aufgenommen. Es umfaßt eine Anamnese dessen, was Gott für sein Volk getan hat, eine Epiklese des Heiligen Geistes zugunsten des Weihekandidaten und Bitten um eine gewissenhafte Erfüllung des Bischofsamtes.

Demselben Aufbau begegnet man wieder in den Ritualen der Presbyter- und Diakonenweihe. In beiden Fällen gibt es kurze Hinweise zum Ritus der Handauflegung durch den Bischof und zur Anwesenheit des Klerus, danach das Weihegebet. Zum letzteren gehört jedesmal eine Epiklese. Je nach dem Amt, für das der Heilige Geist herabgerufen wird, erhält er ein anderes Attribut: für den Bischof wird um den leitenden Geist (vgl. Ps 51,14) gebeten, für die Presbyter um den Geist der Gnade und des Rates, für den Diakon um den Geist der Gnade und des Eifers.

Für den Lektor sieht die Vorschrift der *Traditio apostolica* nur das Überreichen des Buches vor (Kap. 11), ohne Handauflegung, und der Subdiakon (Kap. 13) wird einfach nur ernannt. Ein Bekenner des Glaubens ist ohne Handauflegung zum Diakonat oder Presbyterat zugelassen, diese ist nur erforderlich, wenn er zum Bischof eingesetzt werden soll (Kap. 9). Dieser Sonderstatus dürfte sich daraus erklären, daß die Bekenner gefoltert worden waren, um ihrem Glauben abzuschwören, nur daß sie im Unterschied zu den Märtyrern nicht dabei starben. Ihr Glaubensbekenntnis und ihr Sieg über die Folter bewiesen, daß sie vom Heiligen Geist erfüllt waren, weshalb eine Handauflegung unangebracht erschien.

Für die Aufnahme in den Witwenstand sowie für die Jungfrauen und Wunderheiler bedurfte es ebenfalls keiner Handauflegung (Kap. 10, 12 und 14). Die Kirchenordnung liefert für alle drei Fälle eine Rechtfertigung: Der Witwenstand ist kein Amt, die Jungfernschaft ist Folge einer persönlichen Entscheidung, und beim Geistheiler wird sich von selbst erweisen, ob er die beanspruchte Gabe besitzt oder nicht.

Die drei Ämter des Bischofs, des Presbyters und des Diakons sind in den Quellen dieser Epoche gut bezeugt. Hingegen bemerkt man bei den anderen Ämtern Unterschiede zwischen den einzelnen Kirchen. Für Rom führt die oben bereits zitierte Liste aus der Zeit von Papst Cornelius (251) Subdiakone, Akolythen, Exorzisten, Lektoren und Ostiarier auf. Zur gleichen Zeit erwähnt der heilige Cyprian in Karthago dieselben Ämter, abgesehen vom Ostiarier.

Bei der Nennung der ausgeübten Funktionen unterscheiden die Quellen der Zeit nur selten die liturgischen von anderen Diensten. Alle Ämter dienen der Gemeindepastoral, und die Synaxen sind nicht allein auf den Kult im engeren Sinn beschränkt, wie es die Opfer im Jerusalemer Tempel waren, sondern Versammlungen, bei denen alles, was die Gemeinde angeht, Berücksichtigung findet. Die Weihegebete der *Traditio apostolica* gehen sowohl auf die priesterliche wie auf die pastorale Dimension der Ämter ein, und die *Didaskalie* betont die Rolle, die den Bischöfen in der Lehre zufällt.

Der heilige Justin erwähnte bereits den Dienst der Diakone: sie sind zuständig für die Austeilung der Kommunion in der Versammlung und bringen den Abwesenden ihren Teil. In den anderen Dokumenten, die etwas ausführlicher sind, wird dieses Amt als ein Dienst an der Gemeinschaft, für ihre Mitglieder und vor allem für den Bischof dargestellt *(Traditio apostolica,* Kap. 8 und 34). Die *Didaskalie* (Kap. 16; III, 13) schreibt zudem die Anstellung von Diakoninnen vor, damit sie die Frauen bei der Taufe salben und kranken oder notleidenden Christinnen helfen.

Bei der Besetzung der Gemeindeämter interessieren sich diese alten Kirchenordnungen – nach dem Vorbild der *Pastoralbriefe* (1 und 2 Timotheus, Titus) – vor allem für die erforderlichen Qualitäten der Kandidaten, während der heilige Cyprian uns mitteilt, wie man vorging, als die Gemeinde wegen der Verfolgung stark dezimiert war: „Da die wenigen, die bei euch weilen, kaum für die Anforderungen des täglichen Dienstes ausreichen, war es notwendig, einige neue Boten aufzustellen" *(Briefe,* 29). Vor deren Ordination hatte er sich mit dem Klerus beraten, vor allem mit den Presbytern, aber auch mit der ganzen Gemeinde.

Die Rekonziliation der Büßer

In apostolischer Zeit handelt es sich dort, wo von der Sündenvergebung die Rede ist, vor allem um die Taufe. Das Problem, wie mit Sünden umzugehen ist, die nach der Taufe begangen wurden, wird selten angeschnitten. Die Lösungen konnten radikal sein, wie im Fall von Hananias und Saphira oder bei dem Korinther, der Blutschande begangen hatte: Bei letzterem scheint Paulus eine Ausschließung befürwortet zu haben, während die beiden ersteren vom Tod niedergestreckt wurden (Apg 5; 1 Kor 5,5). Zu dieser Zeit wußten die christlichen Gemeinden noch nicht, ob es möglich sei, Sünder wieder in die Kirche aufzunehmen.

Im 3. Jahrhundert jedoch galt es als ausgemacht, daß die Kirche Sünden vergeben konnte, und zwar durch die Buße, die als eine „zweite Taufe" betrachtet wurde. Rigoristen freilich leugneten bei einigen Sünden, die sie für besonders schwer hielten, die Möglichkeit der Vergebung, so bei Ehebruch und Unzucht, um nicht zum Laster zu ermuntern und um die Würde des christlichen Lebens zu wahren, besonders unter den Katechumenen. Die Verfolgungen veranlaßten dann aber die Gemeinden, eine regelrechte Institution für den Umgang mit reuigen Sündern zu schaffen.

Tatsächlich hatte es im Zuge der großen Verfolgung unter Decius (249-251) zahlreiche Apostasien gegeben: Aufgefordert von der römischen Macht, ihrem Glauben abzuschwören und den Götzen zu opfern, wurden viele Christen aus Angst vor Folter und Tod schwach und fügten sich. Einige dieser Apostaten bereuten es danach, und so stellten sich den Gemeinden neue pastorale Fragen: Wie sollte man mit diesen reuigen Sündern, die flehentlich um ihre Wiederaufnahme baten, umgehen, vor allem wenn die Zeit drängte, weil, wie etwa in Karthago, eine Epidemie herrschte und sie in Todesgefahr schwebten? Die Antworten waren nicht einstimmig, und diese Divergenzen führten erneut zu schwerwiegenden Konflikten zwischen Rigoristen wie Novatian in Rom und Anhängern der Barmherzigkeit wie Papst Cornelius und Bischof Cyprian.

Dem Gebot des Herrn folgend (Mt 10,23), war Cyprian aus seiner Heimatstadt Karthago geflohen. Er blieb mit seiner Kirche in Verbindung, und die Briefe, die er mit dem dortigen Klerus wechselte, klären uns auf über die Entstehung einer Bußpastoral für die Rekonziliation der *lapsi,* der im Lauf der Verfolgung „Gefallenen". Bei ihnen unterschied man, je nach der Schwere der Apostasie, zwischen

– *libellatici:* Christen, die zwar nicht wirklich abtrünnig geworden waren, sich aber ein „Opferzeugnis" *(libellus)* beschafft hatten, in dem ihnen bescheinigt wurde, daß sie geopfert hätten; sie hatten ihren Glauben also verleugnet und stellten in der Gemeinde zumindest ein Ärgernis dar;

– *thurificati:* „Weihrauchstreuer", das heißt Christen, die Weihrauch am Altar der heidnischen Götter dargebracht hatten, was formal einer Apostasie gleichkam;

– *sacrificati:* „Opferer", die durch ihre Teilnahme an allen Zeremonien des heidnischen Kults – vom Schlachten der Tiere bis zur Opfermahlzeit – die Apostasie wirklich vollzogen hatten.

Während der Verfolgung schuf Cyprian Regeln für den dringenden Fall sterbenskranker Apostaten: Der reuige Sünder, für den sich ein Märtyrer oder Bekenner mit einer Empfehlung eingesetzt hatte, konnte einem Presbyter oder Diakon seine Sünde beichten und durch Handauflegung die Wiederversöhnung erlangen.

Nach der Verfolgung berief Cyprian ein Bischofskonzil ein, um die Bußlehre festzulegen. Es wurde beschlossen, die *libellatici* umgehend wieder aufzunehmen, die *thurificati* und die *sacrificati* hingegen mußten sich zuerst einer langen Bußübung unterziehen. Im Gegensatz zur Ansicht der Rigoristen jedoch war jetzt keine Sünde mehr so schwer, daß eine kirchliche Rekonziliation für sie ausgeschlossen gewesen wäre. Der Bischof war für die Art der Buße zuständig, und die Gemeinde mußte sich von der Umkehr der Pönitenten überzeugen. Diese mußten im „Vorhof" der Gemeinde leben und wurden den Katechumenen gleichgesetzt: Bei den Lesungen und bei der Unterweisung waren sie zugelassen, ausgeschlossen waren sie vom Gläubigengebet und der eucharistischen Darbringung. Zeichen der Rekonziliation war eine Handauflegung des Bischofs und der Kleriker, aber es war klar, daß nur Gott die Vergebung gewährt.

Noch während der Verfolgung wandten sich reuige Apostaten an die Märtyrer und Bekenner, damit diese – deren Leiden die Sünden der *lapsi* aufwiegen sollten – Fürbitte für sie einlegten mit dem Ziel einer sofortigen Rekonziliation. Die „Gefallenen" baten daher um Empfehlungsschreiben *(libelli)*, und Cyprian hat in seinen Briefen versucht, Regeln für diese Praxis auszuarbeiten, die dazu tendierte, mißbräuchliche Formen anzunehmen.

Nur schwere Sünden waren dem öffentlichen Bußverfahren unterworfen. Was sogenannte Alltagssünden betraf, so wies Cyprian darauf hin, daß zu ihrer Vergebung das Beten des Vaterunsers, gute Werke und das Almosengeben ausreichen würden.

Einige Dokumente der Zeit zeigen, daß andere Kirchen ein ähnliches Bußverfahren geschaffen hatten wie das von Karthago, und zwar für alle schweren Sünden. Die *Didaskalie* etwa macht deutlich, daß das Katechumenat der Rekonziliation als Vorbild diente:

> Als ein Heide also und Zöllner soll von euch der angesehen werden, welcher böser Taten und der Lüge überführt worden ist. Wenn er aber danach bekennt, Reue zu empfinden, so gilt folgendes: wie wir die Heiden, wenn sie den Willen haben und bekennen, sich zu bekehren, und sagen: „Wir glauben", in die Gemeinde aufnehmen, damit sie das Wort hören, aber nicht mit ihnen verkehren, bis sie das Siegel (der Taufe) empfangen haben und vollkommen sind – also haben wir auch mit diesen keinen Verkehr, bis daß sie die Früchte der Reue zeigen ... Verbiete ihnen aber nicht, o Bischof, die Kirche zu betreten und das Wort zu hören, denn auch unser Herr und Heiland hat die Zöllner und Sünder nicht ganz abgewiesen und verworfen ... Wie du also den Heiden taufst und danach aufnimmst, so lege auch auf diesen die Hand, während jeder für ihn betet, und dann laß ihn in die Kirche eintreten und nimm ihn in ihre Gemeinschaft auf.[15]

---

[15] *Didaskalie*, Kap. 10 (II, 39-41), a.a.O., S. 54 f.

Liturgien für die Märtyrer und die Verstorbenen

In zahlreichen Provinzen des Römischen Reichs hatten sich gemeinsame Traditionen für die Beerdigungsfeiern und den Totenkult herausgebildet: Bei der Bestattung versammelten sich die Familie und die Freunde des Verstorbenen in der Nähe des Grabes zu einem Leichenschmaus, an dem auch der Tote beteiligt sein sollte. Dasselbe taten sie Jahr für Jahr am Todestag (Jahrtag, *anniversarium).* Die Christen behielten diesen Brauch bei, paßten ihn aber neuen Zwecken an, um ihren Glauben an die Auferstehung auszudrücken, inbesondere wenn es sich um Märtyrer handelte.

Im *Martyrium des Polykarp* findet man den ältesten Beleg für eine am Jahrestag eines Märtyrers geplante Versammlung. Es handelt sich um einen Brief der Kirche von Smyrna, deren Bischof Polykarp gewesen war. Er wurde weniger als ein Jahr nach den Geschehnissen verfaßt. Der Tag, an dem Polykarp den Martertod erlitt, steht jedoch nicht genau fest: vielleicht am 23. Februar. Nach der Marter wollten die Christen seine sterblichen Reste einsammeln, doch die Magistrate versuchten sie daran zu hindern:

> Sie begriffen nicht, daß wir Christus niemals verlassen werden, der für das Heil aller gelitten hat ..., und daß wir auch keinen anderen anbeten können. Denn ihn beten wir an, weil er der Sohn Gottes ist. Den Märtyrern aber erweisen wir als Schülern und Nachahmern des Herrn gebührende Liebe wegen ihrer unübertrefflichen Zuneigung zu ihrem König und Lehrer ... Der Hauptmann ließ ihn verbrennen. Auf diese Weise haben wir hinterher seine Gebeine bekommen, die wertvoller sind als kostbare Steine und schätzbarer als Gold, und haben sie an geeigneter Stelle beigesetzt. Dort werden wir uns mit der Gnade Gottes nach Möglichkeit in Jubel und Freude versammeln und den Geburtstag seines Martyriums feiern zum Andenken an die, welche bereits den Kampf bestanden haben, und zur Übung und Vorbereitung für die, welche ihm noch entgegengehen.[16]

Um die Feier der Jahrestage nicht zu vergessen, legten die Gemeinden Märtyrerverzeichnisse an, in denen neben dem Datum auch der Ort vermerkt wurde, an dem sich ihr Grab befand.

In der *Didaskalie* findet man einen Hinweis auf Versammlungen, die zu Ehren anderer Verstorbener abgehalten wurden. Bei dieser Gelegenheit setzt man sich auch mit Reinheitsvorschriften

---

[16] *Martyrium des Polykarp,* München: Kösel und Pustet, 1923, *Bibliothek der Kirchenväter,* Reihe 1, Bd. 14, S. 306.

der Juden auseinander, wonach der Kontakt mit Leichnamen verboten war:

Ihr aber sollt gemäß dem Evangelium und nach der Kraft des Heiligen Geistes euch auch in den Coemeterien versammeln und in den heiligen Schriften lesen und ohne Murren euren Dienst und euer Gebet vor Gott verrichten, und sollt die angenehme Eucharistie darbringen, das Gleichnis des königlichen Leibes Christi, sowohl in euren Versammlungen, wie in euren Coemeterien und bei dem Auszug der Entschlafenen, ein reines Brot, im Feuer bereitet, geweiht unter Anrufungen und ungeteilt, und sollt beten und es für diejenigen darbringen, die entschlafen sind ... Darum tretet ohne Hinderung an die Verstorbenen heran, ihr werdet nicht unrein werden ...[17]

Das Osterfest

Im 2. und 3. Jahrhundert wird die Zeit der Christen durch den Sonntag rhythmisiert, durch den Tag des Herrn, an dem Woche für Woche die Auferstehung gefeiert wird. Das einzige Jahresfest, das in der damaligen Zeit erwähnt wird, ist Ostern. Die meisten Kirchen feierten es an dem Sonntag, der auf den Frühlingsvollmond folgte. Doch nach einer kleinasiatischen Tradition, die sich auf den Apostel Johannes berief, feierten es einige Gemeinden am 14. Nisan (vierzehnter Tag des ersten Frühlingsvollmonds), auf welchen Wochentag auch immer er fiel. Diese Kalenderdifferenzen führten zu schweren Konflikten, vor allem unter Papst Viktor (um 195).

In liturgischer Hinsicht findet man die meisten Informationen in der *Didaskalie.* Die dort behandelten Traditionen waren in den syrischen Kirchen verbreitet. Sie zeigen, wie sehr die Gemeinden bemüht waren, ihren Abstand zum Judentum zu markieren, indem sie ihre Feste nicht an denselben Tagen feierten wie die Juden, sondern im Gegenteil während des jüdischen Passahfestes fasteten, wegen des Tods des Herrn und im Gedenken an sein Wort: „Es werden aber Tage kommen, da wird ihnen der Bräutigam genommen sein; an jenem Tag werden sie fasten“ (Mk 2,18-20).

Um das christliche Fasten auf die ganze Karwoche (auch Große oder Heilige Woche genannt) auszudehnen, verteilt diese Tradition daher den Passionsbericht über die vollen sechs Tage, vom Montag bis zum Samstag. Am Montag wird des Verrats an Jesus gedacht, und das Letzte Abendmahl wird vorverlegt auf den

[17] *Didaskalie,* Kap. 26 (VI, 22,2-5), a.a.O., S. 143.

Dienstag abend. Das Erscheinen vor Kaiphas wird dem Mittwoch und das vor Pilatus dem Donnerstag zugeordnet. Da die Gemeinden, welche die *Didaskalie* im Blick hat, das ganze Jahr über zweimal täglich zusammenkamen, morgens und abends, ist es wahrscheinlich, daß diese Chronologie der Passion die Auswahl der Lesungen beeinflußt hat, die an jedem Tag der Großen Woche stattfanden.

Vom Montag also sollt ihr fasten sechs Tage vollständig bis zur Nacht nach dem Sabbat ... Ihr müßt nun, liebe Brüder, in betreff der Tage des Passah mit Sorgfalt Nachforschung anstellen, und euer Fasten mit ganzem Eifer halten. Beginnet aber, wann eure Brüder von dem jüdischen Volke das Passah halten. Denn als unser Herr und Meister mit uns das Passah gegessen hatte, wurde er nach jener Stunde von Judas verraten, und sofort fingen wir an traurig zu sein, weil er von uns weggeführt worden war.

Wie also der vierzehnte des Passah fällt, so müßt ihr es beobachten, denn weder der Monat noch der Tag in einem jeden Jahre trifft auf dieselbe Zeit, sondern ist veränderlich. Ihr müßt also fasten, wenn jenes Volk das Passah feiert, und eifrig sein, um euer Wachen zu erfüllen mitten im Fest ihrer Ungesäuerten. Am Sonntag aber sollt ihr allezeit guter Dinge sein, denn der macht sich einer Sünde schuldig, der am Sonntag sich selbst quält.[18]

Für die Nacht vom Samstag auf den Sonntag beschreibt die *Didaskalie* den Ablauf einer Ostervigil:

Seid miteinander versammelt, bleibt schlaflos und seid wach die ganze Nacht unter Gebeten und Bitten, unter Verlesung der Propheten, des Evangeliums und der Psalmen, in Furcht und Zittern und eifrigem Flehen bis an die dritte Stunde der Nacht, die auf den Sonnabend folgt, und dann brecht euer Fasten ... Und dann bringt eure Opfergaben dar: und nun esset und seid guter Dinge, freuet euch und seid fröhlich, denn als Unterpfand unserer Auferstehung ist Christus auferstanden ... An dem Tage der Auferstehung Christi freut euch und seid ihretwegen guter Dinge und brechet euer Fasten und den Gewinn eures sechstägigen Fastens bringet Gott, dem Herrn, dar. Ihr, die ihr weltlichen Besitz im Überfluß habt, helfet den Armen und Bedürftigen und erquicket sie sorgsam, daß der Lohn eures Fastens in Empfang genommen werde.[19]

Eine weitere Angabe zu Ostern findet sich im 33. Kapitel der *Traditio apostolica,* wo darauf hingewiesen wird, daß in den fünfzig Tagen nach dem Fest nicht gefastet werden darf. Mehr wird darüber allerdings nicht gesagt.

---

[18] *Didaskalie,* 21 (V, 14,17; 17,1; 20,10-11), a.a.O., S. 107, 110 und 114.
[19] *Didaskalie,* 21 (V, 19,1.7; 20,9), a.a.O., S. 111 f. und 114.

Das Krankenöl

Im Anschluß an das eucharistische Hochgebet stellt die *Traditio apostolica* im 5. Kapitel ein Formular für die Heiligung des Öls vor. Darin werden dessen therapeutische Wirkungen erwähnt:

Falls jemand Öl darbringt, soll er (der Bischof) in der gleichen Weise wie für das Darbringen von Brot und Wein Dank sagen. Er muß nicht die gleichen Worte gebrauchen, aber in ähnlicher Weise soll er folgendermaßen Dank sagen: Heilige dieses Öl, Gott, und gib denen Heiligkeit (Gesundheit), die sich damit salben oder es empfangen. Wie du damit Könige, Priester und Propheten gesalbt hast, so schenke Stärkung denen, die davon kosten, und Gesundheit denen, die es gebrauchen.[20]

Das Formular spricht vom Gebrauch dieses heiligen Öls: Die Kranken nehmen es ein („kosten" es) oder salben sich selbst damit. Solche Praktiken waren in den Mittelmeerländern, wo man den Ölbaum kultiviert, gang und gäbe, denn das für seine Heilkräfte bekannte Olivenöl bildete dort schon damals ein Grundnahrungsmittel. Das Dokument spricht nicht davon, daß bei der Krankensalbung Amtsträger der Gemeinde anwesend sein müssen.

Die Ehe

Die frühesten Kirchenordnungen handeln nicht von der Ehe. Das erklärt sich daraus, daß die Ehe zu Beginn unserer Zeitrechnung sowohl bei den Christen wie bei den Juden nach antikem Brauch ein durch und durch familiärer Ritus war. Der Familienvater traute das Brautpaar bei sich zu Hause. Die Anwesenheit von Amtsträgern der Gemeinde galt nicht als nötig. Doch um dem christlichen Ideal zu entsprechen und kirchliche Anerkennung zu finden, sollte Ignatius zufolge bei Eheschließungen vorher der Bischof um Rat gefragt werden *(Brief an Polykarp,* V, 2), und Tertullian deutet an einer freilich etwas dunklen Stelle an, daß die Ehe durch die Teilnahme an der sonntäglichen Eucharistie der Gemeinde geheiligt wird.

Schlußfolgerungen

Ein rascher Vergleich mit dem heutigen Zustand der Liturgie macht deutlich, daß im 2. und 3. Jahrhundert fast alle liturgischen

---

[20] *Traditio apostolica,* a.a.O., S. 229.

Einrichtungen schon da waren, wenn auch natürlich nur in elementarer Form. Die christlichen Gemeinden kamen regelmäßig zusammen, um die sonntägliche Eucharistie zu feiern und die täglichen Morgen- und Abendversammlungen abzuhalten. Die Organisation der Ämter war differenzierter als in apostolischer Zeit, denn in den größer gewordenen Gemeinden mußte sichergestellt sein, daß die liturgischen, pastoralen und karikativen Aufgaben erfüllt wurden; für den Amtsantritt hatte sich die Weiheliturgie herausgebildet, zu der insbesondere auch die Bitte gehörte, daß der Heilige Geist auf die Kandidaten herabkommen möge. Für die Aufnahme in die Gemeinde (durch die Taufe) und die Wiederaufnahme der reuigen Sünder (Rekonziliation) waren elaboriertere Einrichtungen geschaffen worden, um den Ernst der Bekehrung zu Jesus Christus zu verbürgen und die Heiligkeit der Gemeinden zu gewährleisten.

Insgesamt wirken die Liturgieformen dieser Zeit noch einfach und nüchtern. Die christlichen Gemeinden haben sich endgültig vom Judentum gelöst und Gebräuche verworfen, die sie für unvereinbar mit dem Evangelium hielten, gleichzeitig aber – als Kirche Jesu Christi – betrachteten sie sich als die einzigen legitimen Erben des Alten Bundes und als das einzige wahre Israel. Die Missionierung der Heidenvölker hat diese Entfernung der Christen von den jüdischen Gebräuchen noch weiter verstärkt, zugleich aber die Übernahme anderer Kulthandlungen begünstigt, die zu den aus apostolischer Zeit ererbten Riten hinzukamen: Taufsalbungen, Begräbnisriten.

Die zahlreichen Bekehrungen von Heiden führten unterdessen dazu, daß man die christliche Lehre intensivierte, die damals ausschließlich auf der Basis der Heiligen Schrift erfolgte. In Gemeinden aber, deren Lage prekär war, weil sie nur geduldet wurden oder im Verborgenen wirken mußten, fand die Unterweisung der Katechumenen und der Gläubigen vor allem während der regelmäßigen Versammlungen statt. Und so einfach und nüchtern das liturgische Zeremoniell auch war, so elaboriert dürften umgekehrt die Bibellesungen und alle Formen der Predigt gewesen sein. Dies gilt auch noch für die folgende Epoche, bis der christliche Glaube schließlich alle Institutionen des Reichs durchdrungen hat und die heidnische Kultur in Vergessenheit geraten ist.

4. Die Liturgie im Römischen Reich nach dem Frieden der Kirche

Mit dem sogenannten „Mailänder Edikt" von 313 setzten die Kaiser Licinius und Konstantin den Christenverfolgungen ein Ende und ordneten an, die eingezogenen Kirchengüter zurückzugeben. Die Lage der christlichen Gemeinden im Römischen Reich besserte sich zusehends, und 380 erhob Kaiser Theodosius das Christentum zur Staatsreligion. Das wiederum führte zu Massenbekehrungen und zu einem starken Anwachsen der Gemeinden. Die Einrichtungen der Kirche mußten dieser neuen Situation angepaßt werden.

Die Gründung neuer Gemeinden und die von der kaiserlichen Verwaltung gewährten neuen Kommunikationsmöglichkeiten veranlaßten die Kirchen, ihre territoriale Organisation zu überdenken. Die Bischöfe der wichtigsten Städte bekamen den Primat, ja die Jurisdiktion über ihre Kollegen aus demselben Distrikt. In diesem Sinn wurden auf dem Konzil von Nizäa (325) die Rechte der Bischöfe von Rom, Alexandrien und Antiochien legitimiert sowie die Sonderstellung Jerusalems. Später wurde auf den Konzilien von Konstantinopel (381) und Chalcedon (451) der neuen Reichshauptstadt Konstantinopel der zweithöchste Rang nach Rom zuerkannt. Diese fünf Städte – Rom, Konstantinopel, Alexandrien, Antiochien und Jerusalem – wurden die Zentren der fünf großen Patriarchate. Aber andere große Metropolen übten ebenfalls eine bischöfliche Jurisdiktion über Nachbarstädte aus: Karthago, Cäsarea in Kappadokien, die Hauptstädte unabhängiger Königreiche usw.

Diese Organisation mit Distrikten (Diözesen) und Gerichtsbarkeiten wirkte sich auch auf liturgischem Gebiet aus, denn die Kirchen einer Provinz tendierten dazu, sich an den Traditionen der Metropolitankirche zu orientieren. Die regelmäßige Zusammenkunft lokaler Synoden trug gleichfalls zu einer gewissen Einheit der Rituale bei, ohne jedoch die Autonomie der Ortskirchen aufzuheben. Denn auf der anderen Seite fühlte sich jede Kirche der eigenen Tradition verpflichtet, und im 4. Jahrhundert war man sehr darum bemüht, seinen Ursprung auf die Apostel zurückzuführen, sei es auch über andere Personen, die im Neuen Testament genannt werden: Cäsarea in Palästinä berief sich auf Zachäus als seinen ersten Bischof, die Kirche von Beroea in Makedonien meinte, Onesimus habe sie gegründet, jener freigelassene Sklave, von dem Paulus in seinem Brief an Philemon spricht, usw.

Die Teilung des Römischen Reichs in zwei Hälften, West- und Ostrom, war seit 364, als Valentinian und Valens regierten, nicht mehr aufzuhalten. Doch wegen des Falls von Rom sowie der Absetzung seines letzten Kaisers durch die Barbaren im Jahr 476 war aus dem, was vom Weströmischen Reich übriggeblieben war, kurze Zeit später offiziell eine Provinz des Ostreichs geworden, wenn man auch faktisch noch ganz in der Hand der Invasoren war. Im Lauf des 6. Jahrhunderts haben die Byzantiner einen großen Teil Italiens und die Stadt Rom von den Barbaren zurückerobert; sie gründeten dort bedeutende griechische Kolonien, und Kaiser Justinian (527-565) stellte für einige Zeit die Reichseinheit wieder her. Fast das ganze erste Jahrtausend lang gab es daher einen regen Austausch zwischen Lateinern und Griechen, und der kulturelle Aufschwung von Byzanz hat den Westen tief geprägt. Einen deutlichen Beweis dafür stellt die Ikonographie der karolingischen und romanischen Zeit dar, die stark von byzantinischen Traditionen beeinflußt ist.

Vier der großen Patriarchate befanden sich im Ostteil des Reichs: Konstantinopel, Alexandrien, Antiochien und Jerusalem. Ihre gemeinsame Sprache war das Griechische. Rom war das einzige Patriarchat im Weströmischen Reich und seine Sprache war das Latein. Konstantinopel – das neue Rom und die Hauptstadt des Ostreichs – wurde allmählich zum wichtigsten Patriarchat des Ostens. Diese Position wurde noch gestärkt durch die Folgen der Abspaltung der Kirchen Ägyptens und Syriens, denn nach dem Konzil von Chalcedon (451) hatten die Patriarchate von Antiochien, Alexandrien und Jerusalem mit Konstantinopel gebrochen, das der einzige Garant der Orthodoxie im Osten blieb. In der Folgezeit wurden die Traditionen der Kirche von Konstantinopel für alle anderen Kirchen bindend, die unter der kaiserlichen Jurisdiktion geblieben waren, aber auch für die, welche Byzanz in Syrien und Ägypten nach dem Schisma neu gründete. Die von Konstantinopel und der griechischen Kultur getrennten Kirchen hingegen entwickelten eigene Traditionen in ihren Lokalsprachen (koptisch, syrisch, armenisch).

Zu der faktischen Trennung zwischen Ost- und Westkirche kam es erst nach der unglücklichen Exkommunikation des Patriarchen von Konstantinopel durch den Gesandten von Papst Leo IX. im Jahre 1054 (die Exkommunikation wurde 1965 aufgehoben). Bis Mitte des 11. Jahrhunderts waren die Verbindungen zwischen der

Kirche von Rom und der von Konstantinopel trotz der Wechselfälle der Geschichte nie ganz abgerissen. Die damals aufblühende Kirche von Konstantinopel erkannte, wenn auch etwas halbherzig, die apostolische Autorität Roms an. Diese einstige Hauptstadt war damals, nach dem Gotenkrieg (536-555) nur noch ein Schatten ihrer selbst, und die kaiserliche Verwaltung machte 554 Ravenna und nicht Rom zum Sitz der Präfektur Italien.

Nach der Ära der Verfolgungen gab es zwar Zeiten der Expansion, der Neustrukturierung und der Reform, doch nur selten lebten die Kirchen in einem wirklichen Frieden. Seit dem 4. Jahrhundert führten örtliche Autonomiebestrebungen, Rivalitäten zwischen Personen sowie die Auseinandersetzung mit dem philosophischen Erbe der Griechen zu einer langen Reihe von Schismen und Häresien. Danach wurde der Westen von den Barbareneinfällen verwüstet, seine Bevölkerung wurde dezimiert und die politische, kulturelle und religiöse Führungsschicht ausgeschaltet, wodurch die Wirkungen der ersten Evangelisation fast vollständig zunichte gemacht wurden.

Dieser Niedergang war für die christlichen Gemeinden sehr schmerzlich, und die Einnahme Roms durch Alarich im Jahre 410 wurde als Schande empfunden. Die heidnischen Einwohner gaben den Christen die Schuld und warfen ihnen vor, die Schutzgötter der Stadt beseitigt zu haben. In diesem Kontext verfaßte Augustinus seinen *Gottesstaat.*

Das Oströmische Reich hatte seinerseits – kaum ein Jahrhundert nach seiner Glanzzeit unter Justinian – nach und nach Teile seines Territoriums an muslimische Eroberer verloren. Dann kam die schwere Bilderstreitkrise (730-870). Im Osten und Süden des noch verbliebenen Rumpfreiches, also in Syrien-Palästina, in Mesopotamien und Ägypten, sahen sich die Kirchen, die sich bereits von Konstantinopel getrennt hatten (nach 451), allmählich vom Islam eingekreist und zu Minderheiten gemacht, was zu einer Erstarrung ihrer Traditionen führte.

Die Quellen

Über die liturgischen Institutionen des 4. und 5. Jahrhunderts sind wir gut informiert, da es eine Vielzahl von Dokumenten unterschiedlicher Gattungen gibt: Kirchenordnungen, Homilien, Katechesen, Kommentare, Briefe, Berichte. Diese Dokumente ergänzen sich und erlauben es, die Rituale mehrerer Kirchen fast vollständig zu rekonstruieren.

Eine Kompilation von Kirchenordnungen

Unter den Kirchenordnungen trägt die wichtigste einen Titel, der uns anachronistisch vorkommen mag: *Apostolische Konstitutionen des Klemens.* Es handelt sich um eine Kompilation, die drei Schriften überarbeitet und zusammengestellt hat, die uns bereits im vorigen Kapitel begegnet sind: die *Didaskalie,* die *Didache* und die *Traditio apostolica.* Mehrere andere Dokumente wurden hinzugenommen, insbesondere einige Ritualien und eine Gruppe von Benediktionen synagogalen Ursprungs. Das Ganze wird präsentiert als eine Sammlung von Traditionen, die direkt auf die Apostel zurückgehen sollen und die der heilige Klemens von Rom, ein Gefährte des heiligen Petrus, für uns aufbewahrt habe. Dieser apostolische „Deckmantel“ sollte der Schrift die nötige Autorität verschaffen; es ist nicht ausgeschlossen, daß einige der gesammelten Überlieferungen tatsächlich einen apostolischen Ursprung gehabt haben, in der Hauptsache aber handelt es sich um Fortführungen dessen, was in den ersten christlichen Gemeinden aufgekeimt war, und um Anpassungen an neue Situationen.

Diese Kirchenordnung behandelt Fragen pastoraler und kanonischer Natur, vor allem aber die wichtigsten liturgischen Feiern. Die Kompilation scheint um 380 in Syrien enstanden zu sein, in der Gegend von Antiochien. Sie ist in der Originalfassung auf uns gekommen, auf griechisch. Die darin beschriebenen Einrichtungen und Gebräuche waren die einer großen Gemeinde.[1]

Katechese und Predigt

Das 4. und 5. Jahrhundert werden wegen der Fülle und der Qualität der damals von christlichen Autoren hervorgebrachten Wer-

---

1 Eine von uns besorgte französische Übersetzung ist in zwei Ausgaben erschienen: zweisprachig in der Reihe *Sources Chrétiennes* (Nr. 320, 329 und 336), nur die Übersetzung im Verlag Cerf (Paris 1992). Nach der letztgenannten Ausgabe wird im folgenden zitiert. [A.d.Ü.: Das 8. Buch der *Apostolischen Konstitutionen* wird auf deutsch zitiert nach der Übersetzung von R. Storf *(Bibiliothek der Kirchenväter,* Reihe 1, Bd. 5, Kempten/München: Kösel, 1912), die übrigen Bücher nach der vollständigen, aber älteren Übertragung von F. Boxler (ebenfalls *BKV,* aber in der selteneren 1. Auflage, Bd. 19, Kempten: Kösel, 1874).]

ke das „Goldene Zeitalter der Patristik“ genannt. Diesen Autoren nämlich, unter denen viele Bischöfe waren, hatte man den Titel „Väter (lateinisch *patres)* der Kirche“ gegeben. In dieser Literatur findet man viele Predigten und Katechesen, in denen auch Aspekte der Liturgie zur Sprache kommen. Die systematische Erforschung solcher Hinweise hat es erlaubt, einen großen Teil der Rituale mehrerer Kirchen zu rekonstruieren: so für die Kirche von Hippo (mit dem heiligen Augustinus), für die von Antiochien und Konstantinopel (mit dem heiligen Johannes Chrysostomos), für die von Cäsarea in Kappadokien (mit dem heiligen Basilius) usw.

Im Fall der Katechesen stammt das verbreitetste Dokument aus Jerusalem: die *Taufkatechesen* und die *Mystagogischen Katechesen* des Cyrill von Jerusalem.[2] Während der Fastenzeit kommentierte der Bischof von Jerusalem für die Katechumenen, die Ostern getauft werden sollten, in achtzehn Taufkatechesen, denen eine einleitende Katechese voranging, das Glaubensbekenntnis.

In den fünf folgenden Katechesen, den sogenannten mystagogischen, finden sich besonders viele Hinweise zur Liturgie: Der Prediger enthüllte den Neugetauften in der Osterwoche die Mysterien der Taufe, der Chrismation (aus der im Westen die Firmung wurde) und der Eucharistie. Diese Predigt war wegen der zahlreichen Taufen von Erwachsenen im 4. Jahrhundert besonders wichtig. Auch von anderen Predigern sind uns mystagogische Katechesen erhalten geblieben: von Johannes Chrysostomos, Theodor von Mopsuestia und Ambrosius von Mailand.

Durch eine solche Katechese des Ambrosius ist der älteste Passus des „Canon Romanus“ genannten Hochgebets (das heutige Hochgebet I) auf uns gekommen:

> Du hast also gelernt, daß das, was du empfängst, der Leib Christi ist. Willst du wissen, wie durch die himmlischen Worte die Konsekration bewirkt wird? Höre, welche Worte es sind! Der Bischof spricht: „Mache uns dieses Opfer zu einem festgeschriebenen, geistigen und wohlgefälligen, das die Bildwirklichkeit des Leibes und Blutes unseres Herrn Jesus Christus ist. Am Tag vor seinem Leiden nahm er das Brot in seine heiligen Hände, blickte zum Himmel, zu dir, heiliger Vater, allmächtiger, ewiger Gott ...“[3]

---

[2] *Des heiligen Cyrillus von Jerusalem Katechesen (BKV,* Reihe 1, Bd. 41), München: Kösel 1922, S. 16-391. Neue Übersetzung der *Mystagogischen Katechesen* in *Fontes Christiani,* Bd. 7, Freiburg: Herder, 1992.

[3] Ambrosius von Mailand, *Über die Sakramente,* 4,20-21 (nach *Fontes Christiani,* Bd. 3, Freiburg 1990, S. 149).

Briefe

In der Korrespondenz mehrerer Bischöfe des 4. und 5. Jahrhunderts hat man Hinweise auf die gottesdienstlichen Feiern gefunden. Einige Briefe befassen sich mit kirchlichen oder liturgischen Traditionen, insbesondere die Briefe der Bischöfe von Rom und anderer Metropolen. Von großem Interesse sind zwei Briefe von Papst Innozenz I.: einer aus dem Jahr 405 an den Bischof Exuperius von Toulouse und einer von 416 an den Bischof Decentius von Gubbio. Sie behandeln mehrere liturgische Fragen: die Rekonziliation der Büßer, den Platz des Friedenskusses, die Firmung, die Krankensalbung usw.[4]

Die Euchologien

Euchologien sind Sammlungen, die Hochgebete, Weihegebete, Benediktionen, diakonale Aufforderungen usw. enthalten. Der Ausdruck ist in den byzantinischen Kirchen in Gebrauch geblieben und bezeichnet dort auch heute noch das Buch mit den Formularen, die bei den liturgischen Feiern Anwendung finden. Die ältesten Euchologien wurden durch Kirchenordnungen überliefert, die sie gesammelt haben, besonders durch die *Traditio apostolica* und die *Apostolischen Konstitutionen.*

Doch man hat auch eine Handschrift ägyptischer Herkunft aus dem 4. Jahrhundert gefunden, die ein Euchologion enthält, das gewöhnlich, weil der Name darauf auftaucht, *Euchologion des Serapion* genannt wird. Doch wegen theologischer Divergenzen kann man es nicht dem nach 362 gestorbenen Bischof Serapion von Thmuis (Unterägypten) zuschreiben, der ein Freund des heiligen Athanasius war. Die Sammlung umfaßt dreißig Gebete für verschiedene Anlässe: Eucharistie, Taufe, Ordinationen, Weihe des Krankenöls und Begräbnisliturgie. Man weiß nicht, welche Verwendung von diesem Euchologion tatsächlich gemacht wurde und warum es zusammengestellt wurde, denn es bietet nur den Text der Gebete, aber keinerlei Hinweis zu ihrem Gebrauch.[5]

---

4 Einer dieser Briefe wurde in französischer Übersetzung veröffentlicht: R. Cabié, *La lettre du pape Innocent Ier à Décentius de Gubbio,* Louvain: Publications universitaires, 1973.

5 Französische Übersetzungen alter Euchologien findet man in Anthologien liturgischer Texte, so etwa in *Prières des premiers chrétiens* von A. Hamman, Paris: Fayard, 1952 u.ö. [A.d.Ü.: Eine deutsche Übersetzung des »Euchologion des Serapion« findet sich in J. Beckmann, *Quellen zur*

Eine Abhandlung

Ein neuplatonisch inspirierter griechischer Theologe vom Ende des 5. Jahrhunderts hat mehrere Abhandlungen verfaßt, die später sowohl im Osten wie im Westen viel gelesen wurden, vor allem in mystischen Kreisen. Er ist bekannt unter dem Pseudonym Dionysius Areopagita. Eines seiner Werke, *Die kirchliche Hierarchie*[6], kommentiert die liturgischen Feiern seiner Zeit, und zwar, wie es scheint, in der Form, die sie in Antiochien hatten.

Ein Reisebericht

Egeria (auch bekannt unter dem Namen Aetheria), eine fromme Frau aus Nordspanien oder Südfrankreich, unternahm etwa um 381-384 eine Pilgerreise in den Orient. In dem Bericht, den sie darüber verfaßt hat, beschreibt sie sehr detailliert die Feiern, an denen sie in Jerusalem teilnahm: die tägliche Liturgie, den Wochenkreis und die jährlichen Feste.[7]

Die Versammlungen

Die neue Haltung des Reichs gegenüber den Christen brachte es mit sich, daß deren Versammlungen nicht mehr halb im Verborgenen stattfinden mußten. Sie konnten jetzt in aller Freiheit und sogar im öffentlichen Raum abgehalten werden. Überdies nahmen die Vertreter der kaiserlichen Macht offiziell an den christlichen Feiern teil, so daß der religiöse Aspekt ihrer Ämter ganz mit der neuen Staatsreligion verschmolz.

Infolge der durch diese neue Situation bewirkten massenhaften Bekehrungen wurden die Gemeinden größer und ihre liturgischen Versammlungen mußten entsprechend neu organisiert werden. Damit in den Synaxen weiterhin die nötige Ordnung und Würde herrschte, schuf man strengere Vorschriften und vermehrte die Zahl der Ämter. Dem Geist der Epoche entsprechend, der Hierar-

---

Geschichte des christlichen Gottesdienstes, Gütersloh: C. Bertelsmann, 1956.]

6 *Über die kirchliche Hierarchie, BKV,* Reihe 1, Bd. 2, Kempten/München: Kösel, 1911.

7 *Die Pilgerreise der Aetheria,* lat.-dt. Ausgabe, Stift Klosterneuburg bei Wien: Bernina, 1958.

chien großen Respekt zollte, unterschied man in den Versammlungen zwischen mehreren Gruppen, die ihren je eigenen Platz einnahmen. Ein Passus aus den *Apostolischen Konstitutionen* führt anläßlich ihrer Reihenfolge bei der Kommunion diese verschiedenen Gruppen auf:

Und hierauf kommuniziere der Bischof, dann die Presbyter, Diakonen, Subdiakonen, Vorleser, Sänger und Asketen, und unter den Frauen die Diakonissen, die Jungfrauen und Witwen, dann die Kinder und das ganze Volk nach der Reihe mit Scheu und Ehrfurcht ohne Lärm.[8]

In einem anderen Abschnitt desselben Dokuments werden zwei Vergleiche gebracht, um die Verteilung der Plätze in der Versammlung zu rechtfertigen: der mit einem Schiff, das eine Besatzung und Passagiere hat, und der mit einer „Hürde", wo „die Hirten jegliches der Tiere, ich meine Ziegen und Schafe, nach Geschlecht und Alter stellen, und jegliches derselben das gleiche zum gleichen läuft" (II, 57; S. 112-114, dt. S. 101 f.). Da es sich hier um eine Überarbeitung der entsprechenden Passage aus der *Didaskalie* handelt, die oben zitiert wurde (S. 45), kann man ermessen, welche Entwicklung zwischen den beiden Epochen erfolgt ist.

Aufgrund der zahlreichen Bekehrungen hatten die Gemeinden im 4. und 5. Jahrhundert einen großen Zulauf an erwachsenen Taufbewerbern. Wie es scheint, wurden diese noch vor ihrer Aufnahme in das Katechumenat in den Versammlungen zugelassen oder zumindest geduldet. Man nannte sie damals „Hörende", die sich allerdings im Augenblick des Gebets hinausbegeben mußten:

Nach der Predigt stehen alle miteinander auf. Der Diakon besteigt einen erhabenen Ort und ruft: „Daß keiner der Hörenden, daß keiner der Ungläubigen mehr dableibe!" Und wenn Ruhe eingetreten ist, spreche er: „Betet Katechumenen ..."[9]

Einmal zur Vorbereitung auf die Taufe zugelassen, blieben die Kandidaten mindestens drei Jahre lang Katechumenen, oft aber auch länger. Die Katechumenen bildeten deshalb eine wichtige Gruppe in den Versammlungen. Ihnen zur Seite gestellt wurden die Büßer und die von unreinen Geistern Besessenen, die Energumenen. Diese drei Gruppen wurden zwar in die Gebete der Versammlung mit eingeschlossen, durften aber nicht selbst am Gebet

---

8 *Apostolische Konstitutionen,* VIII, 13,14 (fr. S. 315, dt. S. 54).

9 *Apostolische Konstitutionen,* VIII, 6,1-3 (S. 293, dt. S. 32).

der Getauften teilnehmen, und das galt nicht bloß bei der Eucharistiefeier, sondern auch bei der täglichen Morgen- und Abendliturgie:

Wenn es Abend geworden ist, so wirst du, o Bischof, die Versammlung berufen, und wenn der Abendpsalm gebetet ist, wird der Diakon die Gebete für die Katechumenen, Kompetenten, Energumenen und Büßer beten ... Wenn diese entlassen sind, sage der Diakon: „Alle, die wir Gläubige sind, lasset uns den Herrn bitten."[10]

Wegen des regen Zulaufs von Bekehrten wurde der Unterweisung während der Versammlung große Bedeutung beigemessen. Egeria schildert dies am Beispiel Jerusalem, doch auch bei anderen Kirchen war diese Praxis verbreitet:

Hier aber herrscht der Brauch, daß von allen Priestern, die dem Bischof assistieren, predigt, wer will, – und nach ihnen allen predigt der Bischof; diese Predigten finden immer an allen Sonntagen statt, damit das Volk immer erzogen werde in den Schriften und in der Gottesliebe: Während diese Predigten gehalten werden, tritt eine große Verzögerung in der Entlassung der Gemeinde ein und deshalb geschieht die Entlassung nicht vor der vierten oder fünften Stunde (zehn bis elf Uhr).

(Am vierzigsten Tag nach Epiphanie) predigen alle Priester und ebenso der Bischof, immer über die Stelle des Evangeliums, wo am vierzigsten Tag Joseph und Maria den Herrn in den Tempel trugen ...[11]

In Jerusalem lassen sich in den von Egeria beschriebenen Versammlungen drei Gruppen unterscheiden. Da gab es zunächst die Christen der Ortsgemeinde mitsamt ihren Katechumenen, dann die in Jerusalem ansässigen Mönche und Nonnen und schließlich die Pilger, die sich für einige Zeit in der Stadt aufhielten. Jede dieser Gruppen nahm nach ihren Möglichkeiten an denselben Feiern teil, die in der großen Basilika (dem Martyrium) stattfanden und in der Rotunde der Auferstehungskirche (der Anastasis):

Jeden Tag werden vor dem Hahnenschrei alle Tore der Anastasis geöffnet und alle Mönche und Jungfrauen steigen zu ihr herab, und nicht nur diese, sondern auch Laien, Männer und Frauen, soweit sie am Frühgottesdienst teilnehmen wollen ... Sobald es Tag zu werden anfängt, beginnen sie die Morgenhymnen zu sprechen. Und siehe, da kommt der Bischof dazu mit dem Klerus ... und segnet die Katechumenen. Danach spricht er ein Gebet und segnet die Gläubigen.[12]

[10] *Apostolische Konstitutionen,* VIII, 35,2-36,1 (S. 330, dt. S. 69).
[11] Egeria, *Pilgerreise,* 25,1 und 26, a.a.O., S. 193 und 201.
[12] Egeria, 24, a.a.O., S. 183-185.

Die Annahme der christlichen Religion durch das Römische Reich hat einen allmählichen Christianisierungsprozeß der Gesellschaft, der Institutionen und der Kultur in Gang gesetzt. Der Klerus bekam einen privilegierten Status, in der Schule befaßte man sich mehr und mehr mit der Bibel statt mit den Mythen und das Mönchtum entwickelte sich. Je allgemeiner die Kindertaufe wurde und je mehr man die Heilige Schrift in der Familie und der Schule las, desto mehr verlor die Unterweisung im Rahmen liturgischer Versammlungen an Bedeutung. Der Anteil der Lesungen und Predigten wurde daher reduziert. Hingegen wurde, je mehr einem die Größe der gefeierten Mysterien bewußt wurde, ein immer stärkeres Gewicht auf die sinnlich-ästhetische Seite des Gottesdienstes gelegt, um so die himmlische Liturgie nachzuahmen: Man verfeinerte das Zeremoniell, schuf neue Gesänge, entwickelte einen festlicheren Rahmen. Das Zeremoniell des kaiserlichen Hofs, vor allem in Byzanz, lieferte die Vorbilder für Prunk und Glanz.

Diese Entwicklung der Liturgie zu mehr hieratischen Formen hin verdankt sich nicht zuletzt dem Einfluß des Pseudo-Dionysius, der in seinen Kommentaren den Blick auf das Geschehen im Himmel lenkt. Während frühere Schriften liturgische Probleme vorrangig unter dem Gesichtspunkt der Gemeinschaft behandelten, weil sie vor allem an die Gemeindehirten gerichtet waren, zielen die Ausführungen des Pseudo-Dionysius stärker auf den einzelnen. Das ist für den damals eingetretenen Wandel des Christentums charakteristisch: Wenn erst die ganze Bevölkerung christlich ist, gelten die pastoralen Bemühungen nicht mehr so sehr der Bildung von Gemeinden, sondern den geistlichen Fortschritten der einzelnen Menschen. Hier ein Auszug aus diesen Kommentaren, der sich auf den Eucharistiegottesdienst bezieht:

> Wenn nun der das gesamte Heilswerk umfassende Gesang unsere seelische Verfassung harmonisch für die liturgischen Akte gestimmt hat, die bald nachher vollzogen werden sollen, und durch den Einklang der göttlichen Lieder die Eintracht der Herzen mit dem Göttlichen, mit uns selbst und mit unseren Nebenmenschen gleichwie in *einem* übereinstimmenden Reigenchor geregelt hat, dann wird der mehr gedrängte und dunkle Inhalt der tiefsinnigen, heiligen Psalmensprache in den heiligen Lesungen der inspirierten Berichte (der Evangelien) vermittels zahlreicher Bilder und Aussprüche weiter ausgeführt.[13]

---

[13] Pseudo-Dionysius, *Über die kirchliche Hierarchie,* 3,3,5, a.a.O., S. 127.

Gleichwohl mußte man, auch und gerade in einem Christentum der Massen, die Gläubigen stets dazu drängen, die Feiern zu besuchen. Denn wie die Menschenmengen der Evangelien waren auch die der späteren Jahrhunderte vor allem mit dem beschäftigt, was ihr unmittelbares Überleben betraf, insbesondere wenn es Invasionen, Kriege, Epidemien oder andere Unglücke gab. Von der Religion verlangten sie Heilung, Gesundheit und Schutz vor den Drohungen und Gefahren. Das begünstigte die Zunahme des Kults der Märtyrer und Heiligen, zuerst an ihren Gräbern, dann durch die Verehrung der Reliquien und Bilder (Ikonen), die Anlaß zu jährlichen Feiern oder Wallfahrten gaben, denn durch die leibliche Nähe wollten die Gläubigen an der Macht teilhaben, die über das Böse gesiegt hatte. Aus diesem Grund wurden in vielen Fällen Devotionspraktiken den liturgischen Versammlungen vorgezogen.

Die Basiliken

Nach 313, als sie die Verborgenheit verlassen hatten und schnell wuchsen, brauchten die christlichen Gemeinden größere gottesdienstliche Räume. Damals gab es in den Städten des Reichs einen Gebäudetyp, der diesen Bedürfnissen entsprach, die *Basilika.* Dies war eine große überdachte Halle mit einem Mittelschiff, an das sich – getrennt durch Säulenreihen – Seitenschiffe anschließen konnten. Die Bedachung ruhte auf einem Holzgebälk, seltener auf einem Gewölbe. Die christlichen Gemeinden übernahmen diesen Gebäudetyp, den sie um ein Querschiff und eine Apsis erweiterten.

Trotz der Umbauten und der barocken Verkleidungen geben einige große römische Basiliken noch eine Vorstellung von der Architektur und den Dimensionen dieser Bauwerke: die Lateranbasilika, Santa Maria Maggiore, Sankt Paul vor den Mauern, Santa Sabina usw. Wie man es früher für die heidnischen Kulte der Stadt getan hatte, beteiligte sich die kaiserliche Verwaltung jetzt an der Errichtung christlicher Basiliken. Kaiser Konstantin und seine Mutter, die Kaiserin Helena, waren Urheber eines großen Bauprogramms, und einige der sogenannten „konstantinischen" Basiliken sind heute noch in Rom, Jerusalem, Bethlehem usw. zu sehen. Überall im Reich war das Modell der Basilika prägend für den Bau zahlloser Kirchen in allen Größen – im Westen sogar bis ins Mittelalter.

Im Osten dagegen gingen die byzantinischen Architekten unter Kaiser Justinian (527-565) zur Kuppeltechnik über, die es ermöglichte, den zentralen Raum zu erweitern. Das Modell dieser Gattung ist die Hagia Sophia in Konstantinopel. Nachdem eine erste Basilika, die Konstantin hatte errichten lassen, 532 während eines Aufruhrs vernichtet worden war, ließ Kaiser Justinian an der gleichen Stelle ein größeres Gebäude nach einem neuen Plan bauen. Das Gebäude wurde am 27. Dezember 537 eingeweiht. Herausragendes Merkmal war die Zentralkuppel mit einunddreißig Metern Durchmesser, die über einem Fensterkranz errichtet worden war. Dergestalt kam das gesamte Licht von oben, ein Phänomen, das im Rückgriff auf die areopagitische Lehre symbolisch und mystisch interpretiert wurde:

Eine riesige kugelähnliche Kuppel verleiht dem Ganzen besondere Schönheit. Sie scheint nicht auf dem festen Bau zu ruhen, sondern als goldene Kugel am Himmel zu hängen und so den ganzen Raum zu bedecken ... An Licht und Sonnengefunkel aber hat die Sophienkirche Überfluß. Man könnte nämlich meinen, der Platz werde nicht von außen her durch die Sonne erleuchtet, sondern empfange seine Helligkeit von sich aus, eine solche Lichtfülle ist über das Heiligtum ausgegossen ...

Wenn einer das Heiligtum zum Beten betritt, so wird ihm alsbald bewußt, daß nicht menschliche Kraft oder Kunst, sondern Gottes Hilfe dieses Werk gestaltet hat; sein Sinn aber erhebt sich zu Gott und wandelt in der Höhe und glaubt daran, daß der Herr nicht ferne ist, sondern am liebsten in den Räumen weilt, die er sich selbst ausgewählt hat.[14]

Die späteren byzantinischen Bauten haben sich die Hagia Sophia zum Vorbild genommen, und selbst die Liturgie wurde dieser Architektur angepaßt.

In den antiken Zivilisationen wurde bei Häusern und mehr noch bei Kultgebäuden immer besonders auf ihre Lage zur Sonne geachtet, der Quelle allen Lichts. Im Christentum verlangte eine weit verbreitete Tradition die Ostung des Gebäudes, das heißt, die Apsis sollte im Osten liegen; wir besitzen schriftliche Spuren dieser Tradition, wie den oben (S. 45) vorgestellten Auszug aus der *Didaskalie,* eine Vorschrift, die mit einigen Zusätzen von den *Apostolischen Konstitutionen* übernommen wurde:

Was vorerst das Haus der Versammlung betrifft, so sei es länglich und schaue gegen Morgen, und auf beiden Seiten habe es gegen Osten Pastophorien, so daß es einem Schiff gleicht ... Darauf sollen alle sich erheben

---

[14] Prokop, *Bauten,* I, 1, München: Heimeran, 1977, S. 27, 25, 31.

und gegen Sonnenaufgang schauen und ... ein Gebet zu Gott verrichten, der dahinfährt über den Himmel, gegen Aufgang, und hierbei sich erinnern der anfänglichen Weide des gegen Morgen gelegenen Paradieses, aus welchem der Mensch ... verstoßen worden ist.[15]

Der eschatologische Sinn der Ostung beruht hier auf einer Ausdeutung von Ps 67,34 (nach der griechischen Zählweise): Nach Osten hin ist Christus gen Himmel gefahren und von dort wird er wieder herabkommen. Der heilige Basilius von Cäsarea hat sich im selben Sinne geäußert:

Deshalb schauen wir alle beim Gebet nach Osten, aber nur wenige von uns wissen, daß wir dabei die alte Heimat suchen, das Paradies, das Gott in Eden gegen Osten pflanzte (vgl. Gen 2,8). Aufrecht verrichten wir die Gebete am ersten Tag der Woche, aber nicht alle kennen den Grund. Denn nicht nur, weil wir mit Christus auferstehen und das, was droben ist, suchen sollen (vgl. Kol 3,1), erinnern wir uns am Auferstehungstag der uns geschenkten Gnade durch das Stehen beim Gebet, sondern weil dieser Tag gewissermaßen ein Bild des zukünftigen Äons zu sein scheint.[16]

Archäologische Untersuchungen haben gezeigt, daß diese Tradition in allen Regionen des Reichs in einem weiten Maße beachtet wurde, aber auch, daß sie nicht absolut bindend war. So weisen die ältesten Basiliken in Rom in verschiedene Richtungen, und mehrere, darunter die Laterankirche und Sankt Peter im Vatikan, haben die Apsis eindeutig im Westen.

Zur Inneneinrichtung der Basiliken gehörten eine Stätte für die Lesungen, Sitze für die Amtsträger, der Altar und feste Schranken *(cancelli),* um den Altarraum abzugrenzen. Die Anordnung dieser verschiedenen Elemente wechselte je nach Region. So fanden Archäologen bei Grabungen in alten syrischen Kirchen ein Podest *(bêma)* mit Bischofsthron, Bank und Pulten, das sich einst in der Mitte des Gläubigenschiffs befunden haben muß, eine Raumgliederung, wie man sie aus jüdischen Synagogen kennt. In einer Kirche in Nordafrika konnte man hingegen feststellen, daß sich dort der Altar in der Mitte des Gläubigenschiffs befand. Nach und nach jedoch wurden die Sitze für die Amtsträger, die Pulte für die Lesungen und der Altar in allen Kirche nach vorn in die Apsis verlegt.

---

15 *Apostolische Konstitutionen,* II, 57,3.14 (S. 112-114, dt. S. 99-101).

16 Basilius von Cäsarea, *Über den Heiligen Geist,* XXIX, 66, *Fontes Christiani,* Bd. 12, Freiburg 1993, S. 279.

In römischen Basiliken, die auf Friedhöfen zu Ehren der Märtyrer erbaut worden waren, stellte man den Altar über dem Heiligengrab auf, und über die sogenannte Confessio, einen halbkreisförmigen Schacht mit Stufen, gelangte man zur Grabkammer. Diese Proto-Krypta wurde auch bei späteren Umbauten respektiert, wie man zum Beispiel an der Peterskirche im Vatikan sehen kann. Sogar Basiliken, die nicht über Heiligengräbern errichtet worden waren, wie die Laterankirche oder Santa Maria Maggiore, bekamen eine solche Confessio. In Ermangelung eines Heiligengrabes begnügte man sich mit Reliquien. Die ersten Kirchen waren den Geheimnissen des Glaubens gewidmet, und einige Spuren davon haben sich erhalten: die Lateranbasilika trug zuerst den Namen des Erlösers, und die „Reichskirche" in Konstantinopel war der Göttlichen Weisheit *(Sophia)* gewidmet. Doch in vielen Fällen ist der Name, der einer Kirche gegeben wurde, der des Märtyrers, dessen Grab sie beherbergt oder dessen Reliquien sie verwahrt.

Einige ikonographische Dokumente sowie Überbleibsel, die in den Ruinen alter Kirchen gefunden wurden, zeigen, daß an den Säulen am Eingang zum Sanktuarium Vorhänge (Velen) befestigt waren, um den Altar an bestimmten Momenten während des Gottesdienstes erscheinen zu lassen oder ihn verbergen zu können, eine Praxis, die in den östlichen Liturgien noch heute in Gebrauch ist. Die Entschleierung sollte vor allem bedeuten, daß die Glorie Gottes in der Liturgie sichtbar wurde, als Aktualisierung der Menschwerdung.

Den Architekturtraditionen des Römischen Reichs entsprechend, waren die konstantinischen Basiliken reich verziert. Diese Dekoration wurde später zu einem eigenen Ausdrucksmittel. Mit den Mosaiken oder Fresken in der Apsis trat das Bild ergänzend zur Rede hinzu. Tatsächlich, wie man in den alten Basiliken feststellen kann, besonders in Rom und Ravenna, aber auch in einigen Bauten des Ostens, die nicht von den Bilderstürmern verwüstet wurden, entstand nach und nach eine ikonograpische Tradition, deren Programme im Westen bis zur Romanik und im Osten bis in unsere Tage respektiert wurden.

Diese Ikonographie gibt visuelle Hinweise auf das Mysterium der Liturgie, nämlich auf die Kommunion der versammelten Gemeinde mit dem unsichtbaren Gott, sichtbar gemacht durch den, der sein Bild ist, durch Christus. Es handelt sich um grandiose Szenen, in deren Mitte der verherrlichte Christus dargestellt ist, sei es symbolisch oder figural, über ihm die Hand des Vaters und die Taube des Heiligen Geistes, das Ganze umgeben von Aposteln und anderen Heiligen sowie den himmlischen Heerscharen, den Engeln. Das Diesseits wird durch eine konventionelle Darstellung des Kosmos veranschaulicht, mit seinen verschiedenen Elementen wie Himmel, Erde, Meer, Flüssen und Tierwelt. Diese Ikonographie offenbart der Versammlung ihre Teilnahme an der himmlischen Liturgie, sie erinnert daran, daß die Kirche und mit ihr die ganze Welt durch die Eucharistie in das himmlische Sanktuarium eintritt.

In den byzantinischen Kirchen wurden nach dem Sieg der Orthodoxie über den Ikonoklasmus (879) nicht mehr nur die Seitenwände bemalt, auch der Portikus am Eingang zur Apsis wurde mit Ikonen bedeckt, bis aus ihm eine Trennwand wurde, die sogenannte „Ikonostase". Diese Tradition entwickelte sich vor allem in Rußland. Die Bildprogramme der byzantinischen Kirchen wurden sehr präzis festgelegt, es bildete sich eine Hierarchie, in der jede dargestellte Person oder Szene ihren eigenen Platz hatte. Diese Hierarchie stimmte mit der Bedeutung überein, welche die Liturgiekommentatoren den verschiedenen Teilen der Kirche gaben: Das Gewölbe stellt den Himmel dar, die Türen der Ikonostase symbolisieren Christus, sofern man durch ihn hindurch zum Vater kommt, oder Maria, sofern Gott durch sie hindurch in unsere Menschheit getreten ist, der Wandbehang symbolisiert die Offenbarung der heiligen Mysterien usw.

Die Eucharistiefeier

Das oben (S. 46) zitierte Zeugnis Justins läßt erkennen, daß die Eucharistiefeier, soweit es ihre Grundzüge betrifft, bereits im zweiten Jahrhundert ihre endgültige Form gefunden hatte. In den folgenden Jahrhunderten werden nur einzelne Momente und vor allem das Hochgebet weiterentwickelt. Überdies gibt es immer mehr Kommentare, die bemüht sind, die Kulthandlungen der Feier zu erklären.

Das Zeremoniell der eucharistischen Liturgie

In den *Apostolischen Konstitutionen* findet man einen Überblick über das gesamte Eucharistiezeremoniell. Die Ausführungen werden anachronistisch so präsentiert, als stammten sie von den Aposteln selbst, doch die Angaben stimmen mit dem überein, was uns andere syrische Zeugnisse des 4. Jahrhunderts mitteilen.

Der Lektor lese nun von einem erhöhten Orte in der Mitte der Kirche die Schriften des Mose und des Josua, des Sohnes Nuns, die Bücher der Richter und Könige, die Bücher Paralipomenon und was über die Rückkehr des Volkes aus dem Exil in der Schrift enthalten ist, dazu die Bücher Hiobs und Salomos, auch die sechszehn Propheten. Darauf folge der Psalmengesang, und nun sollen die Apostelgeschichte und die Briefe unseres Mitarbeiters Paulus gelesen werden, welche er unter Eingebung des Heiligen Geistes an die Kirche gerichtet hat. Ein Diakon oder Priester lese dann die Evangelien, welche wir, Matthäus und Johannes, euch übergeben, und welche die Gehilfen des Paulus, Lukas und Markus, euch überliefert haben. Bei Lesung des Evangeliums sollen alle Priester und Diakonen und das ganze Volk in tiefem Stillschweigen selbiges stehend anhören ... Dann halte jeder Priester einzeln eine Ermahnung an das Volk, und endlich folgt die Anrede des Bischofs, welcher der Kapitän des Schiffes ist.

Die Ostiarier sollen am Eingang der Männer stehen und sie beaufsichtigen, und die Diakonissinen bei den Frauen ... Der Diakon soll dafür sorgen, daß jede Person beim Eintritt schnell ihren Platz einnehme und nicht am Eingang niedersitze. Desgleichen soll der Diakon Aufsicht halten über das Volk, damit niemand schwätze, schlafe oder lache oder unruhige Bewegungen mache ... Darauf sollen alle sich erheben und gegen Sonnenaufgang schauen und, nachdem die Katechumenen und Büßer die Versammlung verlassen haben, ein Gebet zu Gott verrichten ... Nach dem Gebet haben einige der Diakonen am Altare mit Ehrfurcht zu dienen, die anderen die Aufsicht beim Volke zu halten. Der dem Bischof assistierende Diakon ermahnt das Volk zur Ablegung aller Feindschaft und alles Hasses, und hierauf geben sich die Männer untereinander und die Frauen untereinander den Friedenskuß. Tue dies niemand mit Verstellung und Heuchelei, ähnlich dem Judas, welcher durch einen Kuß seinen Herrn verraten hat! Dann betet der Diakon für die gesamte Kirche, für die ganze Welt, für zeitlichen Wohlstand, für die Priester und Vorgesetzten, das kirchliche Oberhaupt, den König und den Frieden für alle; der Oberpriester segnet darauf das Volk und betet für dasselbe um Frieden ... Hierauf vollziehe man die heilige Opferhandlung, indes alles Volk steht und still betet. Nach vollendetem Opfer genieße jeglicher Stand für sich den Leib und das kostbare Blut des Herrn, und zwar in Ordnung mit Furcht und Frömmigkeit, da man ja dem Leib des Königs nahet. Die Frauen sollen, wie es für das weibliche Geschlecht sich geziemt, verschleierten Hauptes hinzutreten. Die Türen sollen bewacht werden, damit kein Ungläubiger und kein Ungetaufter eintrete.[17]

---

[17] *Apostolische Konstitutionen,* II, 57,5-21 (S. 113-115, dt. S. 100-102).

Neben dieser Beschreibung des Rituals findet man in den *Apostolischen Konstitutionen* auch den Text der diakonalen Aufforderungen und der Priestergebete: Gebete für die Entlassung der Katechumenen, Energumenen und Büßer, allgemeine Fürbittgebete, Hochgebet und Danksagungen nach der Kommunion (VIII, 6-15; S. 293-318, dt. S. 32-56). In diesem Zermoniell des VIII. Buchs kommt der Friedenskuß nach den Fürbitten, in dem oben zitierten Passus ist es umgekehrt, doch scheint es sich um eine zufällige Vertauschung zu handeln.

Für die Praxis anderer Kirchen zu dieser Zeit mangelt es uns an ähnlich detaillierten Dokumenten. Wenn man jedoch die Hinweise vergleicht, die in diversen Texten gegeben werden, kommt man zu dem Schluß, daß das Eucharistieritual im 4. Jahrhundert in allen Kirchen identisch war, einmal abgesehen vom Friedenskuß, der in Afrika und Rom erst nach dem Hochgebet kam.

Dem zitierten Passus zufolge steht der Bischof der eucharistischen Versammlung vor, während verschiedene Dienste und Ämter für ihren reibungslosen Ablauf sorgen. In ihr kommt die ganze Ortsgemeinde zusammen, wie es in dem *Brief des Ignatius an die Gläubigen von Smyrna* ausdrücklich gefordert wird: „Wo der Bischof auftritt, dort sei auch das Volk“.[18] Doch je größer die Gemeinden werden und je mehr Kirchen es gibt, desto öfter müssen die Presbyter dort, wo der Bischof nicht zugegen sein kann, der Eucharistie vorstehen. Dies dürfte in den großen Städten, in denen sich die ganze Ortsgemeinde unmöglich an einem einzigen Ort versammeln konnte, schon früh der Fall gewesen sein. Derselbe *Brief des Ignatius* spricht bereits von einer Eucharistiefeier, die unter der Leitung eines Vertreters des Bischofs stattfindet (8,1): „Nur jene Eucharistie gelte euch als gültig, die unter dem Bischof oder einem von ihm Beauftragten gefeiert wird“.[19]

In dem oben beschriebenen Ritual werden folgende Elemente erwähnt: die Lesungen, die Psalmodie, die Predigt, der Friedenskuß, die Fürbitten mit ihrer abschließenden Oration, das Herbeibringen der Gaben, das Hochgebet und die Kommunion. Von einem Einzugsritual ist nicht die Rede. Dank übereinstimmender Hinweise, die sich bei Johannes Chrysostomos und Augustinus finden, wissen wir jedoch, daß der Beginn der Feier damals sehr

---

[18] Zitiert nach Hans Urs von Balthasar, *Die Apostolischen Väter,* Einsiedeln 1984, S. 103.

[19] Ebd.

knapp ausfiel: Der Bischof betrat die Kirche, ging an seinen Platz und begrüßte die Gemeinde („Der Herr [oder: Der Friede] sei mit euch!“).

Gleich darauf begann man mit den Lesungen. Das Ritual der *Apostolischen Konstitutionen* nennt zwar die Bücher, aus denen gelesen wurde, nicht aber die genaue Zahl der Lesungen. Diese wurden der ganzen Bibel entnommen und sollten sich an folgende Reihenfolge halten: Altes Testament, Apostel, Evangelium. In anderen Quellen ist von drei, fünf oder sieben Lesungen die Rede, ja sogar von zwölfen während der Vigilien. Was die Predigt betrifft, so entspricht die Beteiligung mehrerer Priester und des Bischofs dem, was bereits in dem weiter oben zitierten Zeugnis der Egeria mitgeteilt wurde (S. 76).

Man kennt zwei Formen der allgemeinen Fürbittgebete. Einerseits Reihen diakonaler Aufforderungen (es können bis zu sechzehn oder achtzehn sein) mit wiederholtem *Kyrie eleison* von seiten der Gemeinde und einer Schlußoration *(oratio collecta)* wie in den *Apostolischen Konstitutionen* und in der byzantinischen Liturgie. Andererseits diakonale Aufforderungen, auf die jeweils ein stilles Gebet der Versammlung und ein Vorstehergebet folgen, eine in Rom und Nordafrika praktizierte Form, die sich in der römischen Karfreitagsliturgie bis heute erhalten hat.

Den meisten Zeugnissen der Zeit zufolge scheint die Herbeibringung der Gaben alleinige Aufgabe der Diakone gewesen zu sein, die von den vor der Feier empfangenen Spenden Brot und Wein nahmen und zum Altar trugen. Theodor von Mopsuestia gab hierzu einen mystagogischen Kommentar:

> Wir müssen Christus sehen, der jetzt hereingeführt wird und zum Leiden auszieht; und in einem anderen Moment wird er auf dem Altar für uns ausgebreitet, um geopfert zu werden. Deshalb bieten auch einige der Diakone, indem sie das Linnen auf dem Altar ausbreiten, ein Gleichnis für die Grabtücher dar ... Der Priester beginnt den Friedensgruß zu geben. Der Herold der Kirche (der Diakon) trägt mit lauter Stimme allen auf, einander den Friedensgruß zu geben. Dabei wäscht zuerst der Priester seine Hände ... Von den Kirchentafeln werden die Namen der Lebenden und Verstorbenen verlesen ... (und dann folgt das Hochgebet).[20]

Auf den Tafeln, von denen hier die Rede ist, standen die Namen von Personen, für die man während der Oblation um Gottes Gna-

---

20 Theodor von Mopsuestia, *Katechetische Homilien,* 15, *Fontes Christiani,* Bd. 17/2, Freiburg u.a.: Herder, 1995, S. 387.

de bat. Auch in anderen zeitgenössischen Dokumenten wird auf sie hingewiesen. So erwähnt etwa der *Brief von Papst Innozenz I.* das sogenannte Gedächtnis der Lebenden, eine römische Praxis, die zu Beginn des Hochgebets I noch heute in Gebrauch ist.

Im VIII. Buch der *Apostolischen Konstitutionen* wird ein eucharistisches Hochgebet vorgestellt, das sich bereits auf einer sehr hohen Entwicklungsstufe befindet.[21] Wie weit es verbreitet war, weiß man nicht, seine Struktur aber entspricht der von Hochgebeten, die in den orientalischen Kirchen in Gebrauch waren und an die sich unser heutiges Hochgebet IV anlehnt. Es handelt sich um eine einheitliche Komposition, die die ganze Heilsökonomie umgreift, um deren aktuelle Verwirklichung in der Eucharistie zu verkünden.

Andere Hochgebete (oder *Anaphoren)* haben ihre endgültige Form zur gleichen Zeit erhalten, und man hat zeigen können, daß Basilius von Cäsarea (gest. 379) nur ein bereits existierendes Formular umgearbeitet und erweitert hat. Er hat seinen Namen jenem eucharistischen Hochgebet gegeben, das in den byzantinischen Kirchen bei besonderen Anlässen, etwa an den Sonntagen der österlichen Fastenzeit, noch immer in Gebrauch ist: der *Anaphora des heiligen Basilius.* Hier sei es in groben Umrissen skizziert[22]:

– Einleitender Dialog (die erste Begrüßung entspricht 2 Kor 13,13).

– Dankender Lobpreis: „... Gott, allmächtiger Vater, es ist der Herrlichkeit Deiner Heiligkeit würdig und recht, Dich zu loben, Dich zu preisen, Dir zu dienen, Dich anzubeten, Dich zu rühmen ..."

– Betrachtung des Geheimnisses Gottes: „Vater unseres Herrn, Jesus Christus ..., der das Bild Deiner Güte ist ..., durch den der Heilige Geist offenbart wurde ..."

Teilnahme an der göttlichen Liturgie und Gesang des biblischen Trishagion *(Heilig, heilig, heilig, Herr der Heerscharen ...).*

Anamnese der Heilstaten Gottes und der Heilsökonomie, von der Schöpfung bis zur Fleischwerdung.

– Der Einsetzungsbericht.

– Das Begleitgebet der Gabenbereitung: christologische Anamnese und Herbeibringung der Gaben.

---

21 Vgl. unsere Ausgabe, S. 304-312 (dt. S. 42-54).

22 Nach der Übersetzung von L. Bouyer, *Eucharistie ...,* Paris: Desclée, 1966, 1990, S. 284-293 (dt. vgl. *Die koptische Liturgie des hl. Basilios und des hl. Gregorios,* Köln: Luthe, 1990, S. 49 ff.).

– Epiklese: „Wir bitten Dich ... Deinen Heiligen Geist über uns und über diese Gaben kommen zu lassen, ... damit er sie segnet und verwandelt ...“

– Fürbittgebete und Gedächtnis der Heiligen.

– Schlußdoxologie.

Wie Basilius hat auch Johannes Chrysostomos ein bereits vorhandenes Formular übernommen, mit dem sein Name verknüpft geblieben ist. Es ist die übliche Form des Hochgebets in den byzantinischen Kirchen: die Chrysostomosliturgie.

Im Unterschied zu den orientalischen Hochgebeten gibt es in dem der Kirche von Rom, dem sogenannten *Römischen Kanon,* veränderliche Teile, so insbesondere die Präfation. Diese ist eine an die liturgische Zeit und das jeweils gefeierte Fest angepaßte Danksagung, während in den orientalischen Hochgebeten stets für das gesamte Heilsmysterium Dank gesagt wird. Vor der Vereinheitlichung im 9. Jahrhundert hatten andere westliche Kirchen eigene Traditionen der Eucharistiefeier. Einige haben auch später noch Spuren davon bewahrt, so die Mailänder und die altspanische Liturgie.

In mehreren Kommentaren des 4. Jahrhunderts folgen die Kommunionsriten unmittelbar auf das Hochgebet. Der genaue Platz des Vaterunsers läßt sich in diesen alten Liturgien deshalb nur schwer feststellen. Die *Apostolischen Konstitutionen* schweigen sich über diesen Punkt aus. Cyrill von Jerusalem hingegen kommentiert das Gebet des Herrn in seiner Katechese der Eucharistiefeier.

In den zahlreich gewordenen Versammlungen nahm die materielle Vorbereitung auf die Kommunion durch das Brotbrechen einige Zeit in Anspruch. Die Ritualien und Kommentare erwähnen Akklamationsformeln und Psalmen, die hernach die Austeilung des verwandelten Brots und Weins begleiteten. Bei den Katecheten findet man einige Hinweise darauf, wie die Kommunion empfangen wurde:

Mache die Linke zum Thron für die Rechte, die den König empfangen soll. Mache die Hand hohl, empfange so den Leib Christi und sage „Amen“ dazu. Nimm es vorsichtig, heilige die Augen durch die Berührung mit dem heiligen Leib – und paß auf, daß du nichts davon verlierst ... Nachdem du Anteil genommen hast am Leib Christi, komm auch zum Kelch des Blutes. Hebe nicht die Hände hoch, sondern verbeuge dich, komm auf ehrfürchtige, kniefällige Weise. Sage „Amen“ und heilige dich, indem du vom Blut Christi nimmst. Solange deine Lippen noch feucht sind, berühre sie mit den Fingern und heilige damit die Augen, die Stirn und die übrigen Sinne. Dann warte das Gebet ab und sage Gott Dank, der dich so großer Mysterien gewürdigt hat.[23]

Das Gebet, von dem am Ende dieser Stelle die Rede ist, ist das nach der Austeilung. In mehreren Dokumenten finden wir Beispiele dafür, so etwa im *Euchologion des Serapion:*

Wir danken dir, Herr, daß du die Gefallenen wiederberufen, die Sünder dir zum Eigentum gemacht, die Drohung gegen uns beiseite getan, in deiner Menschenfreundlichkeit verziehen und durch Buße die Schuld getilgt, die Anklage durch die auf dich gerichtete Erkenntnis fallen gelassen hast. Wir danken dir, daß du uns die Gemeinschaft des Leibes und Blutes gegeben hast (1 Kor 10,16). Segne uns, segne dieses Volk, laß uns teilhaben an dem Leibe und Blute durch deinen eingeborenen Sohn, durch welchen dir Ehre und Gewalt sei im Heiligen Geiste, jetzt und immerdar ...[24]

Römische Traditionen

Obwohl die Eucharistierituale in den verschiedenen Kirchen im großen und ganzen übereinstimmten, gab es doch einige Gemeinden mit besonderen pastoralen Gebräuchen. So kennt man zwei römische Traditionen, die die Gemeinschaft zwischen den eucharistischen Versammlungen zum Ausdruck bringen. Es handelt sich zum einen um den Ritus des *fermentum,* der in mehreren Zeugnissen erwähnt wird, am deutlichsten aber in einem Brief von Papst Innozenz I. aus dem Jahr 416:

Was das *„fermentum"* betrifft, das wir am Sonntag in die verschiedenen „Titelkirchen" schicken, so brauchst Du uns darüber nicht weiter um Rat zu fragen; bei uns nämlich befinden sich alle diese Kirchen innerhalb der Stadtmauern. Die Priester, die wegen des ihnen anvertrauten Volks an diesem Tag nicht mit uns feiern können, erhalten also durch Akolythen das von uns hergestellte *„fermentum"*, damit sie sich nicht, und schon gar nicht an diesem Tage, unserer Gemeinschaft beraubt fühlen. Doch ich denke nicht, daß man so etwas in den ländlichen Bezirken der Diözesen tun sollte, da man die Sakramente nicht auf so weite Reisen schicken darf. Auch wir schicken sie nicht den Priestern, die sich in den verschiedenen Coemeterien befinden.[25]

---

[23] Cyrill von Jerusalem, *Mystagogische Katechesen,* V, 21 f., *Fontes Christiani,* Bd. 7, S. 163-165.

[24] Nach J. Beckmann, *Quellen zur Geschichte des christlichen Gottesdienstes,* Gütersloh: C. Bertelsmann, 1956, S. 232 f.

[25] Innozenz I., *Brief an Decentius.* Übers. von R. Cabié, a.a.O., S. 27-29.

Der Papst unterscheidet zwischen den Kirchen innerhalb der Mauern Roms, den sogenannten „Tituli“ oder „Titelkirchen“, und denen außerhalb der Stadtmauern, auf den Friedhöfen (Kirchen zu Ehren der Märtyrer, die über deren Gräbern errichtet worden waren) und auf dem flachen Land. Den Priestern, die am Sonntag mit ihrem Volk in den Titelkirchen feiern, werden als Zeichen der Gemeinschaft Partikel von dem in der Papstmesse verwandelten Brot geschickt: das *fermentum*. Der Papst meinte, daß es keinen Grund gäbe, diesen Brauch in einer kleinen Stadt wie Gubbio zu übernehmen.

Die andere römische Tradition, in der die Gemeinschaft ihren Ausdruck fand, war die in Gegenwart oder auch Abwesenheit des Papstes gefeierte Stationsmesse. Bei den großen Festen (Weihnachten, Epiphanie, Ostern, Pfingsten) und während der Quadragesima und der Osterzeit versammelte sich die Kirche von Rom, Klerus und Volk, mit dem Papst in einer der großen Basiliken oder in einer der Bezirkskirchen („Tituli“). Das war die „Statio“. Wenn der Papst verhindert war, wurde die Gemeinschaft mit ihm durch einen bezeichnenden Brauch bekundet, die *immixtio:* Sein Stellvertreter tauchte ein Stück Brot in den Kelch, das vom Papst bei einer der großen Feiern verwandelt und zu diesem Zweck aufbewahrt worden war.

Römische und byzantinische Traditionen

Ab dem 5. Jahrhundert folgen die römische und die byzantinische Liturgie jeweils eigenen Entwicklungslinien. Unter den Merkmalen, die sie unterscheiden, fällt zunächst eines auf, dem wir bereits weiter oben beim Hochgebet begegnet sind, nämlich der Aufbau des (von den Lesungen unterschiedenen) liturgischen Gebets. Denn in der byzantinischen Liturgie ist der Großteil der Gebete der Eucharistiefeier unveränderlich, während in der römischen Liturgie zahlreiche Gesänge und Orationen von Feier zu Feier variieren. Bei der Bewertung dieser Unterschiede muß man bedenken, daß die Messe im katholischen Raum zu einer täglichen Angelegenheit geworden ist, während sie in den orientalischen Kirchen vor allem zum Sonntag gehört.

Was die Kirche von Rom betrifft, so gibt es frühe Zeugnisse für diese Veränderlichkeit der Gebete der Messe. Es handelt sich vor allem um Meßformulare, die Papst Gelasius 495 für eine Reihe aufeinanderfolgender Feiern geschaffen hat. Anlaß war ein schwerwiegendes pastorales Problem, denn einige Christen wollten damals die heidnischen Bräuche der Lupercalia wiedereinführen. Ursprünglich ein Fruchtbarkeitsritus, der am 15. Februar begangen wurde, gehörte zu diesem Fest ein Lauf nackter Männer rund um den Palatin, wobei sie entgegenkommende Frauen mit Riemen schlugen, eigentümliche Praktiken, die leicht in Ausschweifungen ausarteten.

Papst Gelasius hatte den Christen die Teilnahme an den Lupercalia verboten. Doch einige haben sich darüber hinweggesetzt. Im mehreren aufeinanderfolgenden Sonntagsmessen wurde dieser pastorale Konflikt im liturgischen Gebet ausgetragen: Die Orationen und Präfationen von achtzehn Sonntagen enthalten erst Warnungen, dann Fürbitten für die Sünder und Büßer und schließlich, am Ende des Konflikts, Danksagungen für ihre Rekonziliation (vgl. *Sources Chrétiennes,* 65). Elemente dieser Meßformulare, die jeweils aus einem ganz bestimmten Anlaß verfaßt worden waren, fanden später, als die ersten Meßbücher, frühe Vorläufer des *Missale Romanum,* zusammengestellt wurden, Aufnahme in den Jahreskreis.

In der byzantinischen Liturgie wechseln die Stücke des Eucharistieformulars, sieht man von den Lesungen und Gesängen ab, nicht von Feier zu Feier, sondern nur nach den Hochgebeten, von denen es zwei gibt, die *Göttliche Liturgie des heiligen Johannes Chrysostomos* und die *Göttliche Liturgie des heiligen Basilius.* Das byzantinische Euchologion fügt zu ihnen noch die *Präsanktifikatenliturgie* hinzu, bei der es sich um eine Kommunionfeier ohne Hochgebet handelt, die an Wochentagen während der Fastenzeit begangen wurde. Die Gebete der byzantinischen Liturgien sind reicher ausgestaltet als die der römischen Meßformulare.

Die beiden Praktiken haben unterschiedliche Auswirkungen auf die Teilnahme der Versammlung und auf die persönliche Erinnerung der Gläubigen. Ein jeden Sonntag wiederholtes Formular wird schnell auswendig gelernt und stärkt den Glauben, während ein nur einmal gehörtes kurzes Gebet entsprechend einprägsam formuliert sein muß, damit es im Gedächtnis haften bleibt. Derartige Unterschiede sind zu berücksichtigen, wenn man die Rezeption der liturgischen Gebete durch die Gläubigen pastoraltheologisch untersucht.

Ein noch auffälligerer Unterschied zwischen römischer und byzantinischer Liturgie betrifft den äußeren Rahmen der Feiern. Darauf wird bereits im 10. Jahrhundert hingewiesen, in einer Chronik aus der Zeit des Fürsten Wladimir von Kiew. Eine Delegation von Bojaren hatte eine Reise unternommen, um sich über die verschiedenen Religionen ihrer Nachbarn zu informieren, zu denen auch das römisch-germanische Reich und Byzanz gehörten. Hier ihre Eindrücke:

> Danach waren wir bei den Deutschen und haben vielen Messen in ihren Kirchen beigewohnt, doch Schönes war dabei nirgends zu sehen. Wir begaben uns also zu den Griechen, die uns dorthin führten, wo sie ihren Gottesdienst verrichten. Und siehe, wir wußten nicht mehr, ob wir im Himmel oder auf Erden waren. Denn solch ein Anblick, solch eine Schönheit ist auf Erden nicht zu finden, und unmöglich können wir sie in Worte fassen. Wir wissen nur, daß Gott dort mit den Menschen zusammenkommt ...[26]

Dennoch hat nicht nur Byzanz, sondern auch Rom dem Eucharistiegottesdienst einen feierlichen Rahmen gegeben. Den Beschreibungen der *Ordines romani* zufolge herrschte in Rom eine minutiöse Etikette, was die Umgebung des Papstes anbelangte: Jeder Amtsträger, Staatsbeamte und Kleriker hatte seine eigene Rolle, und auch die Zug- und Geleitformen waren genau festgelegt. In Byzanz war die Entwicklung des Rituals gewiß vom Zeremoniell des Kaiserhofs beeinflußt worden, wichtig war aber auch die Darstellung der Ereignisse der erlösenden Menschwerdung, wie wir oben im Kommentar des Theodor von Mopsuestia über die Herbeibringung der Gaben sehen konnten (S. 85). Die Momente der Eucharistiefeier wurden mit den Handlungen Christi bei seinem ersten Erscheinen in Verbindung gebracht: Der Kleine Einzug (bei dem der Diakon das Evangelienbuch trägt) stellt den predigenden Jesus auf der Wanderschaft dar, der Große Einzug stellt den Beginn der Passion dar; die verschiedenen Teile des Hochgebets entsprechen Momenten der Passion, der Auferstehung und des Pfingstfestes.

Natürlich gab es bei diesen Korrespondenzen manche Unschärfen, und die Kommentare sind sich nicht in allen Interpretationen einig. Doch auf jeden Fall verdeutlicht dieses Verständnis der eucharistischen Liturgie die Einheit des Heils, da die Vorgänge der Passion und der Auferstehung in der aktuellen Feier konkret wiedererkannt werden. Die byzantinische Tradition blieb dieser Interpretationslinie treu, und eines der Hauptwerke auf diesem Gebiet wurde gegen Ende 14. Jahrhunderts von Nikolaus Kabasilas

---

[26] *Chronik der vergangenen Zeiten,* in: R. Marichal, *Premiers chrétiens de Russie,* Paris: Le Cerf, 1966, S. 52 f.

geschrieben, die *Erläuterung der Göttlichen Liturgie (Eis ten théian leitourgían).*

Auch im abendländischen Mittelalter wurden Kommentare zur eucharistischen Liturgie geschrieben, doch verloren sie sich allzusehr in der Allegorese. Und da die Teilnahme des Volks am Gottesdienst immer passiver und privater wurde, waren diese Kommentare überdies vorrangig an einer erbaulichen und moralisierenden Interpretation interessiert, während die eigentlich liturgische oder mystagogische Dimension ins Hintertreffen geriet. So liest man etwa bei Amalar von Metz (775-832) folgenden Kommentar zum Zeremoniell der Lesungen:

> Warum macht man (das Zeichen des Kreuzes) gerade auf die Stirn? Weil die Stirn der Sitz des Schamgefühls ist. Derweil die Juden über den Glauben an den Gekreuzigten erröten ..., glauben wir, daß uns dieser Gekreuzigte errettet hat. Die Juden erröten über seinen Namen, während wir glauben, daß uns dieser Name beschützt. Deshalb besiegeln wir die Stirn mit dem Kreuzzeichen ... Die beiden Kerzen, die vor dem Evangelienbuch hergetragen werden, bedeuten das Gesetz und die Propheten, die der evangelischen Lehre vorhergingen. Das Weihrauchfaß erinnert uns an alle Tugenden und Kräfte, die dem Leben Christi entströmen ... Der Platz der Kerzen zeigt, daß das Gesetz und die Propheten unter dem Evangelium stehen. Und wenn das Buch nach der Lesung an seinen Platz zurückgebracht worden ist, macht man die Kerzen aus, denn nachdem die Predigt des Evangeliums erklungen ist, verstummen das Gesetz und die Propheten.[27]

Der Byzantiner Nikolaus Kabasilas hat andere Aspekte des Zeremoniells der Lesungen kommentiert:

> Warum preisen wir Gott vor den heiligen Lesungen? Weil es recht ist, Gott so für all das Gute zu danken, das er uns erwiesen hat, und besonders für dieses Zeichen seiner Gunst, das göttliche Wort vernehmen zu dürfen. Bei der Epistel vermischt sich dieser Lobpreis noch mit Bitten ... Beim Evangelium indes besteht unser Bitten nur im Lobgesang selbst: Wir erfahren, daß Christus vom Evangelium verkörpert wird, und die, die ihn finden, haben sogleich alles, worum sie bitten. Denn der Bräutigam ist darin eingeschlossen, und wer alles hat, muß ihn um nichts mehr bitten.[28]

Der Kommentar ist moralisch, sofern er die Riten zum Vorwand nimmt, um Verhaltensregeln zu formulieren. Er ist liturgisch, wenn er die innere Kohärenz der Riten erklärt. Und er ist mystisch,

---

[27] Amalar von Metz, *Liber officialis,* III, 18. Zitiert nach R. Cabié, *Histoire de la messe,* Paris: Desclée, 1990, S. 65.

[28] Nikolaus Kabasilas, *Explication de la Divine Liturgie.* Sources Chrétiennes 4 *bis,* S. 155, Ed. du Cerf.

wenn er – nicht nur auf kognitiver Ebene – die persönliche Beziehung zu Gott in den Vordergrund rückt. In seinem ganzen Werk aber ermuntert Nikolaus Kabasilas seine Leser dazu, die Liturgie als ein „Leben in Christus“ zu erfahren, wie der Titel einer anderen Schrift von ihm lautet.

Warum sind die Kirchen des Ostens und des Westens in der Praxis und im Verständnis der Liturgie so unterschiedliche Wege gegangen? Man kann einige Erklärungen politischer und kultureller Natur vorbringen. Tatsächlich lebte die byzantinische Kirche vom 6. bis zum 15. Jahrhundert in einer Welt, die trotz aller Schwierigkeiten und Krisen die Entwicklung ihrer Institutionen begünstigt hat. Das ermöglichte einen kulturellen Fortschritt, dessen Wegbereiter Geistliche und Theologen, Kleriker und Laien waren. Nachdem die Missionierung innerhalb des Reichs beendet war, fand die christliche Energie in der Bekehrung der Heiden kein Betätigungsfeld mehr und konnte sich der Pflege des Erbes zuwenden, sowohl auf der geistigen Ebene wie auf der der Institutionen.

Kennzeichnend für die byzantinischen Kirchen ist es nun aber, daß die Liturgie im Zentrum des Lebens der Gemeinden steht und daß die theologische Reflexion stets auf sie bezogen ist. Eine Beziehung der Wechselwirkung, denn umgekehrt haben auch theologische Debatten Spuren in der Liturgie hinterlassen: In Gestalt von festen Formeln oder Akklamationen wurden Glaubensbekenntnisse hinzugefügt, neue Riten wurden entwickelt oder bereits bestehende Riten wurden neu interpretiert. So wird die Einfügung des Hymnus *Ho Monogenês* (Eingeborener Sohn) vor den Lesungen auf eine theologische Versöhnungsinitiative zurückgeführt, die Kaiser Justinian um 532 unternommen haben soll:

> Eingeborener Sohn und Wort Gottes, das unsterblich ist, und der es um unseres Heiles willen auf sich genommen hat, Fleisch zu werden aus der heiligen Gottesmutter und ewigen Jungfrau Maria, der du Mensch geworden bist, ohne dich zu verändern, und der du gekreuzigt wurdest, Christus, Gott, der du durch den Tod den Tod vernichtet hast, der du einer bist in der heiligen Dreieinigkeit, zugleich verherrlicht mit dem Vater und dem Heiligen Geist, rette uns.[29]

Ein anderes Beispiel bietet der Ritus des Zeon, der erstmals für das 6. Jahrhundert bezeugt ist. Vor der Kommunion tut der Zelebrant nicht nur wie bei der Mischung ein Stück verwandeltes Brot

[29] Nach F. von Lilienfeld (Hg.), *Die Göttliche Liturgie des hl. Johannes Chrysostomus,* Erlangen 1979, Heft 2, S. 61-63.

in den Kelch, sondern fügt zudem etwas heißes Wasser *(zeon)* hinzu. Dieser Brauch bezieht sich auf die Auferstehung: Der Leib und das Blut Christi sind erneut vereint, und die Hinzufügung des Zeon bedeutet die Erwärmung des Blutes und damit das Leben, das auf die Auferstehung folgt. Später gab es eine Begleitformel für diesen Ritus: „Für die Fülle des Heiligen Geistes". So wie die Auferstehung des Herrn im Heiligen Geist vollendet wurde, so soll die Anwesenheit des Auferstandenen in den verwandelten Gaben durch die Anrufung des Heiligen Geistes erlangt werden. Auf diese Weise haben Fortschritte im Verständnis des Mysteriums der Eucharistie, besonders was die Korrespondenzen mit dem Mysterium der Fleischwerdung betrifft, in der byzantinischen Liturgie zur Entstehung neuer Riten oder neuer Interpretationen geführt.

Während die politische und kulturelle Situation es der byzantinischen Kirche erlaubte, sich – wenn auch sicher nicht ohne Schwierigkeiten – fortzuentwickeln und Fortschritte im liturgischen Bereich wie auch in dem der theologischen Reflexion zu machen, war der Westen ein Spielball der Barbareneinfälle und all ihrer politischen, sozialen und kulturellen Folgen. Die daniederliegenden Kirchen waren kaum in der Lage, die theologische Reflexion voranzutreiben. In den wenigen Zentren, die es noch gab, in Rom, Norditalien, der Provence und Spanien, gelang es mit Mühe, das Erbe zu bewahren. Als der Frieden zurückkehrte und man an einen Wiederaufbau denken konnte, mußte man sich zunächst der Mission in heimischen Gefilden widmen und Massen bekehren und christianisieren, die noch immer stark vom Heidentum geprägt und weit davon entfernt waren, den ganzen Reichtum der liturgischen Feiern würdigen zu können.

Als dann die Zeit gekommen war, daß man im Westen auch an eine Wiederbelebung der Theologie denken konnte, war die Situation auf liturgischem Gebiet bereits aus dem Gleichgewicht geraten: Der Gottesdienst war zu einer Sache der Kleriker geworden, und die Messe ohne Gemeinde *(missa sine populo,* „Privatmesse") galt als die Norm, von der her die mittelalterliche Theologie der Eucharistie konzipiert wurde. Wir werden darauf zurückkommen.

Die Synaxen im Lauf der Woche

Vom 4. Jahrhundert an gibt es eine Vielzahl von Zeugnissen über das tägliche Gotteslob in den Kirchen. Die Gebräuche waren verschieden, doch stets ging es um Versammlungen von Ortsgemeinden, also des christlichen Volkes. Eines der klarsten Zeugnisse hierzu stammt von Eusebius von Cäsarea, der in einem Kommentar zu Psalm 64,9 schrieb:

Es ist gewiß kein geringes Zeichen von Gottes Macht, daß in den Kirchen der ganzen Welt Gott bei Sonnenaufgang und in den Abendstunden Hymnen, Lobgesänge dargebracht werden ... Denn Gott erfreut sich an diesen Hymnen, die in seiner Kirche überall auf Erden des Morgens und des Abends an ihn gerichtet werden ...[30]

Dieses überschwengliche Gotteslob in den christlichen Gemeinden entsprach der Bestimmung der Kirchen. In der Nachfolge des ersten Israel aufgerufen, Gott im Namen seiner ganzen Schöpfung zu verherrlichen, mußten die ersten Christengemeinden einst mit ansehen, wie in ihren Städten öffentlich Schutzgeister verehrt wurden, während sie ihre eigenen Feiern im Verborgenen abhalten mußten; es war also nur natürlich, daß sie dem einzigen wahren Gott einen würdigen Kult erweisen wollten, nach den Vorbildern, welche die apokalyptischen Visionen in das himmlische Jerusalem projiziert hatten. Als sie die volle Kultfreiheit genossen, ließen die Kirchen daher das Gotteslob, das sie bis dahin nur insgeheim singen durften, endlich laut und öffentlich erklingen.

Im wesentlichen ging es, wie schon in der vorigen Epoche, um das Morgen- und Abendlob. Doch einige Gemeinden kamen auch zu nächtlichen Feiern zusammen, wie etwa in Cäsarea in Kappadokien:

Bei Nacht steht bei uns das Volk auf und begibt sich ins Gebetshaus; in Zerknirschung, Trauer und unter anhaltenden Tränen legt es vor Gott das Bekenntnis ab, steht schließlich vom Gebete auf und geht zum Psalmengesang über. Und nun teilen sie sich in zwei Chöre und psallieren abwechselnd miteinander, wobei sie sich sowohl in die Betrachtung der Schriftworte vertiefen wie auch auf die Aufmerksamkeit und innere Sammlung bedacht sind. Dann überlassen sie es wieder einem, den Gesang anzustimmen, und die andern fallen ein. Wenn sie dann so in buntem Wechsel der Psalmodie, mit Gebeten dazwischen, die Nacht zugebracht haben, stimmen sie beim Anbruche des Tages alle zusammen wie aus einem Munde und aus einem Herzen den Psalm des Bekenntnisses an, wobei jeder die Worte der Reue zu den seinigen macht.[31]

---

30 Eusebius von Cäsarea, zitiert nach R. Taft, *La liturgie des heures,* Brepols 1991, S. 44.

31 Basilius von Cäsarea, *Ausgewählte Briefe, BKV,* Reihe 1, Bd. 46, München: Kösel und Pustet, 1925, S. 231 f.

Zur gleichen Zeit entwickeln sich verschiedene Formen des mönchischen Lebens, so auch das städtische Mönchtum, das für das tägliche Gotteslob immer wichtiger wird, so sehr, daß es die Leitung dieser Versammlungen übernimmt und am Ende sogar die Ortsgemeinde ersetzt.

Die *Apostolischen Konstitutionen* beschreiben den Ablauf solcher täglichen Gottesdienste in einer vom Bischof geleiteten Ortskirche, was man heute eine „Basisgemeinde" nennen würde. Die beiden Andachten am Morgen und am Abend folgten demselben Schema[32]:

– Abend- oder Morgenpsalm (Psalm 140 oder 62 in der griechischen Bibel).

– Zeremoniell der Entlassung der Katechumenen, Energumenen, Kompetenten und Büßer, ganz wie in der eucharistischen Liturgie.

Gebet der Versammlung nach dem Schema des Allgemeinen Gebets: diakonale Aufforderungen und Schlußoration des Bischofs.

– Segen der Versammlung: Der Diakon fordert dazu auf, sich zu verneigen, und der Bischof spricht das Gebet über das Volk.

– Entlassungsformel.

Diese Liturgie ist einfach und basiert auf Wiederholung: Jeden Tag werden dieselben Psalmen gebetet. Diese Praxis enstprach der Situation und den Möglichkeiten der Ortsgemeinden, sie war pädagogisch motiviert: Da die Feiern für alle Gläubigen bestimmt waren, mußte man sich auf das beschränken, was die Versammlung im Gedächtnis behalten konnte (ausliegende Bücher für Kirchenbesucher gab es damals noch nicht!). Die Mönchsgemeinschaften dagegen, deren Ideal es war, ständig zu beten, haben zur gleichen Zeit den ganzen Psalter in das Stundengebet integriert.

In Jerusalem war der tägliche Gottesdienst reicher ausgestaltet, was sich, wie oben (S. 76) bereits angedeutet, aus der Anwesenheit von Mönchen und Nonnen erklärte. Egeria beschreibt detailliert die täglichen Andachten und weist auf etwas hin, was ihr eine Besonderheit zu sein schien:

Das aber ist besonders bemerkenswert, daß sie darauf sehen, daß die Psalmen und Antiphonen immer passend sind, sowohl die in der Nacht gesungen werden, wie die am Morgen, ebenso wie diejenigen am Tag ... immer

---

[32] *Apostolische Konstitutionen,* VIII, 35-39; in unserer Ausgabe S. 329-332, dt. S. 68-72.

passend sind und so gewählt, das sie sich auf den Gegenstand beziehen, um den es geht.[33]

Die Taufliturgie

Wegen der zahlreichen Bekehrungen zum christlichen Glauben waren das 4. und 5. Jahrhundert das Goldene Zeitalter des Katechumenats und der Taufliturgie. In großen Städten wie Antiochien oder Konstantinopel sollen Schätzungen zufolge um das Jahr 400 alljährlich etwa tausend Täuflinge in der Osternacht getauft worden sein. Viele Christen wurden damals im Erwachsenenalter getauft. So auch berühmte Männer wie Ambrosius (der mindestens 34 Jahre alt war), Hieronymus (mindestens 20 Jahre alt), Paulinus (37 Jahre), Augustinus (33 Jahre), Johannes Chrysostomos (ungefähr 20 Jahre).

Das Ritual war im großen und ganzen bereits in der vorigen Periode festgelegt worden; man fügte kaum noch etwas hinzu, abgesehen davon, daß man das Zeremoniell immer stärker institutionalisierte. In mehreren Zeugnissen werden Riten erwähnt, die der Zulassung zum Katechumenat vorausgingen. So schreibt etwa Augustinus, während er davon berichtet, wie seine Taufe hinausgeschoben wurde:

> Schon als Knabe hatte ich vom ewigen Leben gehört ... Und man hatte mich schon mit dem Zeichen seines Kreuzes bezeichnet und mit seinem Salze gewürzt, als ich kaum den Leib meiner Mutter verlassen hatte ...[34]

Das Kreuzzeichen und die Salzlustration wurden von einem Gebet und dem Auflegen der Hände begleitet. Augustinus hat auch den Ablauf der Katechese beschrieben, in einem kleinen Leitfaden, den er für einen Diakon in Karthago verfaßt hat, dem die Aufnahme der Heiden und ihre erste Unterweisung im Glauben oblag:

> Der erzählende Vortrag ist dann vollständig, wenn dem Zuhörer alles vorgeführt wird, angefangen von dem Worte der Schrift: „Im Anfang schuf Gott Himmel und Erde", bis zur kirchlichen Gegenwart. Damit soll aber nicht gesagt sein, daß man nun alles auswendig lernen müsse ... Man muß vielmehr den gesamten Inhalt im großen und ganzen zusammenfassend

---

[33] Egeria, *Pilgerreise,* 25,5, a.a.O., S. 195.

[34] Augustinus, *Bekenntnisse,* 1,11. Nach der Ausgabe von J. Bernhart, München: Kösel, 1950, S. 39.

darstellen, d. h. man greife nur das Bemerkenswerte heraus, was die Zuhörer gerade am liebsten hören und wie es die Zeitumstände gerade mit sich bringen.[35]

Für den Diakon von Karthago entwarf Augustinus dann zwei Katechesemodelle, die unterschiedlichen Publikumsbedürfnissen entsprachen, in denen es aber stets darum ging, die Heilsökonomie auf der Basis der biblischen Überlieferung knapp und elementar darzustellen.

Fastenzeit und Taufvorbereitung

Viele Katechumenen, auch Augustinus selber, zögerten den entscheidenden Schritt hinaus. Vor der Fastenzeit forderten daher die Prediger die, welche schon lange Katechumenen waren, nachdrücklich dazu auf, sich zur Taufe anzumelden, die meist in der Osternacht gefeiert wurde (je nach lokaler Tradition waren auch Pfingsten und, im Osten, Epiphanie Tauftage). Die Vorbereitung erstreckte sich über mehrere Wochen, genauer gesagt über die vierzig Tage der Fastenzeit. Je nachdem, ob der Samstag ein Fastentag war (Westen) oder nicht (Osten), variierte die Anzahl der Wochen, worauf Egeria hinwies, die die Bräuche in Jerusalem mit denen in ihrer Heimat verglich:

Während bei uns 40 Tage vor Ostern beachtet werden, werden hier acht Wochen vor Ostern beachtet. Deshalb aber werden acht Wochen beachtet, weil an Sonntagen und am Samstag nicht gefastet wird, mit Ausnahme des einen Samstags, an dem die Vigilien des Osterfestes sind, und an dem man fasten muß ... Wenn man also von den acht Wochen acht Sonntage und sieben Samstage abzieht ..., so bleiben 41 Tage übrig, an denen gefastet wird, was sie hier Heortae nennen, d. h. 40 Fasttage ...

Auch das muß ich noch beschreiben, wie hier jene gelehrt werden, die zu Ostern getauft werden. Wer nämlich seinen Namen bekanntgibt, gibt ihn vor der Fastenzeit bekannt und aller Namen notiert der Priester, d. h. vor jenen acht Wochen, in denen hier, wie ich gesagt habe, die Fasten beachtet werden ... Und so werden sie am folgenden Tag hereingeführt, ein Bewerber nach dem andern; wenn sie Männer sind, kommen sie mit ihren Vätern, wenn aber Frauen mit ihren Müttern. Und dann fragt über jeden einzelnen der Bischof die Nachbarn dessen, der eintritt, sprechend: „Führt er ein gutes Leben, achtet er die Eltern, ist er trunksüchtig oder lügne-

---

[35] Augustinus, *Vom ersten katechetischen Unterricht, BKV,* Reihe 1, Bd. 49, München: Kösel und Pustet, 1925, S. 238.

risch?" ... Wenn der Kandidat nachgewiesen hat, daß er ohne Tadel sei ..., schreibt der Bischof mit eigener Hand seinen Namen auf. Wenn er aber irgendwo beschuldigt wird, befiehlt er ihm, hinauszugehen ...

Jene, die zur Taufe gehen in den 40 Tagen, in denen gefastet wird, werden zuerst in der Frühe exorzisiert von den Klerikern ... Gleich darauf wird der Stuhl für den Bischof aufgestellt ... und alle, die getauft werden wollen, Männer wie Frauen, sitzen im Kreis nahe dem Bischof. Auch die Väter und Mütter sind da, und alle, die zuhören wollen aus dem Volk, treten ein und setzen sich ...[36]

Diese Klasse von Katechumenen bezeichnete man als *electi* („Erwählte"), Kompetenten („Bewerber") oder – im Osten – als Photizomenen („die erleuchtet werden"). Die Fastenzeit war für diese Bewerber eine intensive Vorbereitung auf die Taufe, doch die ganze Gemeinde war hierbei einbezogen. Bei den täglichen Versammlungen wurden die Photizomenen exorzisiert und unterwiesen. Bei dieser Katechese hielt man sich laut Egeria an das folgende Programm (Kap. 46):

1. Erklärung der Heiligen Schrift: Der Bischof „legt sie zuerst wörtlich aus, dann geistig".
2. Darlegung der Auferstehung und des Glaubens.
3. Allmähliche Satz-für-Satz-Unterweisung im baptismalen Symbolum, dem Glaubensbekenntis oder *Credo,* also das, was man in Rom *Traditio symboli* nannte.

Am Palmsonntag dann mußten die Katechumenen einer nach dem anderen das Symbolum aufsagen, was als *Redditio symboli* bezeichnet wurde.

In Afrika und Rom hießen diese Prüfungen „Skrutinien". Mit ihnen wollte man feststellen, ob die Kandidaten noch vom bösen Geist besessen waren, was man nach ihrem Verhalten meinte beurteilen zu können. Durch Austreibungsriten brachte man den bösen Geist dazu, sich zu zeigen, und befahl ihm, zu verschwinden. In Rom fanden diese Skrutinien am dritten, vierten und fünten Sonntag der Quadragesima statt, und sowohl die Lesungen wie das Formular dieser drei Feiern standen ganz im Zeichen des Katechumenats: Evangelientexte über die Samariterin, den Blindgeborenen und die Auferstehung des Lazarus, zuvor Perikopen aus dem Alten Testament, die sich auf das Wasser von Meriba (Num 20,1-13) bezogen, auf die Reinigung durch das Wasser (Jes 1, 16-17) und auf eine Auferstehung (1 Kön 17,17-24).

[36] Egeria, *Pilgerreise,* 27,1; 45; 46, a.a.O., S. 201-203, 249-251.

Die Tauffeier

Für die Taufe verfügten die Basiliken über eine besondere Räumlichkeit, das Baptisterium. Überreste davon findet man in großer Zahl in Nordafrika, der Provence, der Türkei, Palästina usw., doch einige dieser Taufhäuser sind uns mehr oder minder im ursprünglichen Zustand erhalten geblieben: im Lateran, in Aix-en-Provence, Fréjus, Poitiers. Das Gebäude besaß einen zentralen Raum mit dem Taufbecken und zuweilen Nebenräume, wohl für die Salbungen. In der Ostervigil, wenn die Gemeinde betete, den Lesungen lauschte und Psalmen sang, begaben sich die Bewerber ins Baptisterium, um hernach für die Eucharistie wieder zur Gemeinde zu stoßen.

Im 4. Jahrhundert war das Zeremoniell, in dem man sich vom Satan lossagte und Christus anschloß, reicher geworden. Cyrill von Jerusalem verglich es mit dem Zug durch das Rote Meer und beschrieb es wie folgt[37]:

– die Bewerber betreten die Vorhalle des Taufhauses;

– dort stehen sie nach Westen gewandt, d. h. zum „Ort der sichtbaren Finsternis“ (zum Ort, wo die Sonne untergeht und die Nacht hereinbricht); ihnen wird die Anweisung gegeben, die Hand auszustrecken;

– sie sprechen die Lossagungsformel: „Ich sage mich los von dir, Satan, und von all deinen Werken und von deinem Dienst“;

– sie wenden sich um zum Osten hin, „zur Gegend des Lichtes“ und des Paradieses, und sprechen: „Ich glaube an den Vater, an den Sohn, an den Heiligen Geist und an die eine Taufe der Umkehr.“

Johannes Chrysostomos erwähnt eine besondere Formel für die Hinwendung zu Christus: „Ich binde mich an dich, Christus!“ Sie findet man auch in den *Apostolischen Konstitutionen*[38], die ein vollständiges baptismales Glaubensbekenntnis hinzufügen, das dem *Apostolischen Glaubensbekenntnis* vergleichbar ist.

Darauf folgten, je nach Kirche, eine oder mehrere Salbungen, ein Vorgang, den Johannes Chrysostomos schildert:

Nach diesem Vertragsabschluß, der Absage an den Satan und der Bindung an Christus ..., salbt der Priester dich ... auf der Stirn mit dem Salböl des Geistes, besiegelt dich mit dem Zeichen des Kreuzes und sagt: „Der und der wird gesalbt im Namen des Vaters und des Sohnes und des Heiligen

---

[37] *Mystagogische Katechesen,* I,2 ff., *Fontes Christiani,* Bd. 7, Freiburg u. a.: Herder, 1992, S. 97 ff.

[38] *Apostolische Konstitutionen,* VII, 41, S. 273, dt. S. 250.

Geistes." ... Dieser (der böse Feind) wagt nicht mehr hinzuschauen, wenn er den Glanz sieht, der von dieser Salbung ausgeht und ihm die Augen blendet ... Danach, in der Nacht, zieht der Priester euch das Gewand ganz aus und, als wolle er euch durch das, was hier vollzogen wird, in den Himmel selbst führen, läßt er den ganzen Körper mit jenem geistlichen Öl salben, damit alle Glieder durch die Salbung geschützt und für die Geschosse des Feindes unverletzbar werden.[39]

Bei derartigen Salbungen wurden, worauf wir später noch zurückkommen werden, die Bewerberinnen von Diakonissen begleitet.[40] Die Katecheten haben diese Riten verschieden interpretiert: als Exorzismus und Reinigung, Schutz gegen den Bösen, als Symbol des Ölbaums und der eingepfropften Zweige (Röm 11,17-24: Christus ist der edle Ölbaum, in den die Täuflinge eingepfropft werden), als Öl der Athleten, Kleid der Unsterblichkeit.

Danach kam die Taufe selbst. Das Taufwasser war durch einen Segensspruch geweiht worden, den der heilige Ambrosius so kommentiert hat:

Du hast das Wasser gesehen, aber nicht jedes Wasser heilt. Nur das Wasser heilt, in dem die Gnade Christi wohnt. Es besteht ein Unterschied zwischen dem Element und der Konsekration, es besteht ein Unterschied zwischen der Handlung und der Wirkung. Die Handlung wird vom Wasser, die Wirkung vom Heiligen Geist vollbracht. Das Wasser heilt nicht, wenn nicht der Heilige Geist herabgestiegen ist und dieses Wasser konsekriert hat ... Sobald der Bischof eingetreten ist, spricht er einen Exorzismus entsprechend der geschaffenen Substanz des Wassers. Danach spricht er eine Anrufung, verbunden mit der Bitte, daß der Taufbrunnen geheiligt werde und die ewige Dreifaltigkeit anwesend sei ...[41]

In Jerusalem befand sich das Baptisterium nahe der Anastasis, der Auferstehungskirche, die über dem Heiligen Grab errichtet worden war. Aus dieser Nähe machte Cyrill ein zusätzliches Argument für seine Katechese:

Danach seid ihr zum heiligen Brunnen der göttlichen Taufe geführt worden – so wie Christus vom Kreuz zum Grab dort. Und jeder wurde gefragt, ob er an den Namen des Vaters, des Sohnes und des Heiligen Geistes glaube. Ihr habt das heilsame Bekenntnis abgelegt, seid dreimal im Wasser un-

---

39 Johannes Chrysostomos, *Taufkatechesen,* 3/2,22 f., *Fontes Christiani,* Bd. 6/2, Freiburg u. a.: Herder, 1992, S. 351 f.

40 *Apostolische Konstitutionen,* III, 16, a.a.O., S. 142 f., dt. S. 126.

41 Ambrosius von Mailand, *Über die Sakramente,* 1,15.18, *Fontes Christiani,* Bd. 3, Freiburg u. a.: Herder, 1990, S. 89-91.

tergetaucht und wieder aufgetaucht und habt so im Symbol die drei Tage Christi im Grab angedeutet ... In ein und demselben Moment seid ihr gestorben und geboren worden. Das heilsame Wasser wurde für euch zugleich Grab und Mutter ...[42]

Auf das Taufbad folgten mehrere Riten, die uns zum Teil schon aus der vorigen Periode bekannt sind. Für Mailand erwähnt Ambrosius eine Salbung mit Myron (parfümiertem Öl), die der Bischof vornimmt, die Fußwaschung der Neophyten, die Überreichung des weißen Taufkleides und die „Siegelung mit dem Heiligen Geist". Cyrill von Jerusalem spricht ebenfalls vom weißen Kleid und kommentiert die Myronsalbung, die mit der Herabkunft des Heiligen Geistes in Beziehung gesetzt wurde und erst an der Stirn vorgenommen wurde, dann an den Ohren, an der Nase und der Brust.

Johannes Chrysostomos weist zwar hin auf die Rezitation des Vaterunsers und auf den Friedenskuß zwischen Gläubigen und Neophyten, erwähnt aber keine postbaptismale Salbung. Das gleiche Schweigen bei Theodor von Mopsuestia, der nur kurz auf den Ritus der weißen Kleider und die Bekreuzigung der Stirn anspielt. Die *Apostolischen Konstitutionen* hingegen sehen eine Myronsalbung vor, setzen sie aber nicht mit der Gabe des Heiligen Geistes in Beziehung; sie erwähnen, daß nach der Taufe das Vaterunser gebetet wird:

Alsdann bete der Getaufte stehend das Gebet des Herrn. Denn wer auferstanden ist, muß notwendig stehen und beten, weil, wer aufsteht, aufrecht ist. So soll auch derjenige, welcher mit Christo gestorben und auferstanden, stehen und stehend beten und zwar gegen Sonnenaufgang ... Nach dem ersten Gebete spreche und bete er folgendes: „Allmächtiger Gott, Vater deines Christus, deines eingeborenen Sohnes, gib mir einen reinen Leib, ein unbeflecktes Herz, einen wachsamen Geist, eine vom Irrtum freie Erkenntnis, die Ankunft des Heiligen Geistes zum festen und vollen Besitz deiner Wahrheit, durch deinen Christus, durch welchen im Heiligen Geist dir Ehre sei in Ewigkeit."[43]

Entwicklung der Taufliturgie

Ab dem 5. Jahrhundert gab es immer weniger erwachsene Taufbewerber, während die Zahl der Kindertaufen zunahm. Die Kirchen praktizierten weiterhin dasselbe Taufzeremoniell, das für Er-

[42] Cyrill von Jerusalem, *Mystagogische Katechesen,* II,4, *Fontes Christiani,* Bd. 7, Freiburg u. a.: Herder, 1992, S. 115-117.

[43] *Apostolische Konstitutionen,* VII, 44 f., S. 276, dt. S. 253.

wachsene geschaffen worden war, nun aber auch für Kinder Anwendung fand. Einige Anpassungen wurden vorgenommen. Ein Beispiel dafür findet man in einem römischen Sakramentar, dem *Gelasianum,* für die Gestaltung der Fastenzeit; es geht um die *Traditio symboli:*

Bevor du das Symbolum (das Glaubensbekenntnis) sprichst, sage folgendes:
Ihr Lieben, die ihr die Sakramente der Taufe empfangen werdet ..., hört euch aufmerksam das Symbolum an und lernt es auswendig, schreibt das, was wir euch weitergeben, wie wir es empfangen haben, nicht auf einen vergänglichen Stoff, sondern auf die Seiten eures Herzens ...

Danach nimmt der Akolyth eines der Kinder, einen Knaben, hält ihn am rechten Arm und legt ihm die Hand auf den Kopf. Der Priester fragt ihn: In welcher Sprache bekennt er unseren Herrn Jesus Christus? *Er antwortet:* Auf griechisch. *Darauf sagt der Priester:* Verkünde ihren Glauben so, wie sie ihn bekennen.

Der Akolyth spricht jetzt das Symbolum auf griechisch, wobei er die Hand auf dem Kopf des Kindes ruhen läßt: (es folgt, auf griechisch, das Nizänische Glaubensbekenntnis).

Liebe Brüder, ihr habt das Symbol auf griechisch gehört, hört es nun auch auf lateinisch.

Und du sagst: In welcher Sprache bekennen sie unseren Herrn Jesus Christus? *Er antwortet:* Auf lateinisch. – Verkünde ihren Glauben so, wie sie ihn bekennen.

Die Hand auf dem Kopf des Kindes spricht der Akolyth das Symbolum ... (diesmal auf lateinisch).[44]

Die Riten, die die Theologen später jeweils der Taufe, der Firmung und der Eucharistie zugewiesen haben, bildeten im Altertum eine einzige Feier. Dies ist in den Ostkirchen noch heute so, selbst bei Kindertaufen. Daß die Firmung und die Eucharistie im Westen von der Taufe abgetrennt wurden, hatte praktische Gründe: Da nur der Bischof die Firmung vornehmen durfte und ein weites Gebiet zu betreuen hatte, konnte er nicht selbst bei allen Taufen zugegen sein. Man faßte die Firmlinge also zusammen, um sie dem Bischof bei seinen Besuchen vorzuführen. Gleichwohl blieben bei Kindertaufen bis ins 12. Jahrhundert eucharistische Praktiken in Gebrauch.

Ämter und Ordinationen

In den *Apostolischen Konstitutionen* gehören die Handauflegung und das Gebet (mit Epiklese des Heiligen Geistes) durchgehend

---

[44] *Sacramentarium Gelasianum,* I, XXXV.

zum Ordinationszeremoniell, also nicht nur bei der Weihe von Bischöfen, Presbytern oder Diakonen, wie es schon in der *Traditio apostolica* der Fall war, sondern auch bei der Einsetzung von Diakonissen, Subdiakonen und Lektoren.[45] Bei der Bischofsweihe ist, außer in Notfällen, die Teilnahme von drei Bischöfen erforderlich; die Zustimmung der Ortsgemeinde wird während der Feier zum Ausdruck gebracht, und die Diakone halten das geöffnete Evangelium über das Haupt des Weihekandidaten.

Die Gemeinden, von denen in diesem Dokument die Rede ist, haben relativ viele Mitglieder, und es gibt zahlreiche Ämter, die einen reibungslosen Ablauf der Versammlungen und liturgischen Feiern gewährleisten sollen. Das Bischofsamt ist zentral für das Leben der Ortsgemeinde und all ihre Einrichtungen, wie es recht vielsagende Attribute bestätigen: Der Bischof ist Hirte, Hohepriester, Mittler, Lehrer, Prophet, Vorsteher, Arzt. Er leitet gewöhnlich die liturgische Versammlung, wobei ihm die Presbyter (oder Priester) zur Seite stehen, die mit ihm als Mitte einen Rat bilden und für die Unterweisung des Volkes sorgen; in Abwesenheit des Bischofs können auch sie den Feiern vorstehen und in den Bezirken einer großen Stadt oder auf dem Land die Versammlungen einberufen. Sie und die Bischöfe erfüllen das Priesteramt.

Die Diakone hingegen versehen bei den liturgischen Feiern wie auch bei allen pastoralen, karitativen, pönitentiellen und ökonomischen Aktivitäten der Gemeinden ein dienendes Amt. Ihnen stehen untergeordnete Helfer zur Seite (früher sprach man von „niederen Weihen", um jedoch jeden Beiklang von Inferiorität zu vermeiden, wurde das Vokabular geändert). Zunächst die Diakonissen; sie kümmern sich bei verschiedenen Gelegenheiten um die Frauen, inbesondere bei der Taufe und den Salbungen, aber auch, wenn diese krank geworden oder in Not geraten sind. Die Subdiakone unterstützen die Diakone. Welchen Dienst die Lektoren, Kantoren und Ostiarier verrichten, liegt auf der Hand: sie sind zuständig für die Lesungen, die Gesänge und für den Türdienst während der Feiern. In einigen Kirchen gab es zudem Exorzisten, die im Rahmen des Katechumenats tätig wurden, sowie Akolythen, die gewisse Aufgaben bei der Eucharistiefeier erfüllten, wie oben (S. 88) am Beispiel der Kirche von Rom bereits erwähnt.

Über spezielle römische Gebräuche informieren uns die sogenannten *Ordines romani,* kleine Zeremonienbücher, in denen die

---

[45] VIII, 4-5, 16-22, a.a.O., S. 290-293, 318-321, dt. S. 29-31, 56-60.

Liturgie beschrieben wird. Die Weihen wurden nur an den Quatembertagen gespendet, insbesondere in der Vigilfeier vor dem Sonntag. Das Zeremoniell bei der Ordination zum Bischof, Presbyter oder Diakon sah vor, daß der Bewerber der ganzen Gemeinde vorgestellt wurde, ehe er durch Handauflegung und Gebet geweiht wurde. Danach tauschte er den Friedenskuß mit den Mitgliedern seines neuen Standes *(ordo)* und nahm in seinem neuen Dienstamt an der Eucharistie teil.

Die Papstweihe (der Erwählte gehörte damals zum Klerus von Rom) erforderte die Teilnahme von drei Bischöfen des Distrikts, und der Ordinationsritus sah vor, daß dem Electus das Evangelienbuch auf das Haupt gelegt wurde. Die Weihe der Bischöfe seines Distrikts hingegen nahm der Papst allein vor, indem er dem zu Weihenden die Hand auflegte.

Die Ordination zum Lektor, Akolyth und Subdiakon bestand in Rom hauptsächlich darin, daß der Kandidat die Aufgaben seines Dienstamtes erfüllte. Die Lektoren waren gewöhnlich junge Leute, die von ihren Väter für dieses Amt bestimmt und dann dem Papst vorgestellt worden waren. Dieser übertrug ihnen eine Lesung während der Vigil, und wenn die Kandidaten geeignet waren, wurden sie durch einen kurzen Segen zum Amt zugelassen. Zum Akolyth wurde man beauftragt, indem einem der Papst bei der Kommunion das Leinensäckchen mit dem verwandelten Brot überreichte, das der Kandidat in die Bezirkskirchen bringen mußte (Ritus des *fermentum).* Auch hier wieder kam eine kurze Segnung hinzu. Die Weihe der Subdiakone folgte während der Kommunion auf die der Akolythen und bestand darin, daß dem Kandidaten der Kelch gereicht wurde, mit demselben Segen wie beim Akolythen.

Ein aus Südgallien stammendes Rituale, das in eine römisch-germanische Kompilation des 10. Jahrhunderts aufgenommen wurde, sah für die Weihe zum Ostiarier, Lektor, Exorzisten, Akolythen und Subdiakon ein anderes Zeremoniell vor. Der Hauptritus bestand jeweils darin, daß dem Kandidaten die Geräte übergeben wurden, die jedem dieser Dienste entsprachen: Schlüssel, Lektionar, Exorzismenbuch, Leuchter und Meßkännchen, heilige Gefäße.

Der Begriff des liturgischen Amtes hat sich im Lauf der Jahrhunderte weiterentwickelt, teils wegen der sich ändernden Situation der Gemeinden, teils weil sich die Bedeutung änderte, die man den verschiedenen Aufgaben der Amtsträger beimaß. Im 4.

Jahrhundert wurde dabei noch sehr stark das apostolische Amt, das heißt die Verkündigung des Gotteswortes betont, wie diese Ermahnung an die Bischöfe bezeugt:

Ihr, o Bischöfe, seid heute dem Volke Priester und Leviten, indem ihr dem heiligen Zelte, das ist der heiligen katholischen Kirche dienet, am Altare des Herrn unseres Gottes steht und ihm die vernünftigen und unblutigen Opfer durch Jesum, den erhabenen Hohenpriester, darbringt. Ihr seid euren Laien Propheten, Fürsten und Führer und Könige, die Mittler Gottes und seiner Gläubigen, die Empfänger und Prediger des Wortes, die Schriftgelehrten und Stimmen Gottes und Zeugen seines Willens ...[46]

Später dann, als das Zeremoniell im Gottesdienst reicher gestaltet wurde, rückte der priesterliche Aspekt der liturgischen Dienstämter in den Vordergrund, oft unter Bezugnahme auf die in der Bibel beschriebenen liturgischen Einrichtungen und auf das Priestertum des Alten Testaments. Diese Entwicklung ist bereits deutlich erkennbar in den Schriften des Pseudo-Dionysius Areopagita, dessen Gedanken zum Bischofsamt wie folgt resümiert worden sind:

Als das bevorzugte Werkzeug der Reinigung, Erleuchtung und Vollkommenheit muß er (der „Hierarch") die höchste Vollkommenheit und das hellste und reinste Licht verkörpern. Er darf sich nicht mit Dingen oder Beschäftigungen aufhalten, die ablenken und zerstreuen. Zwar muß er die Wohltaten Gottes auf allen Stufen der Hierarchie austeilen und sich sozusagen ins Gebiet der Vielheit hinabbegeben, in dem all diese Gaben zu verschwinden drohen, doch sofort muß er zum göttlichen Ursprung zurückkehren, der ihn vergöttlicht und vereinheitlicht. In dieser ständigen Kommunion mit Gott erwirbt er die wahre Wissenschaft und die überaus hohe Heiligkeit, die ihn selbst göttlich werden läßt.[47]

Man bemerkt die Veränderung, die gegenüber den Kirchenordnungen der ersten Jahrhunderte eingetreten ist, die von den Bischöfen im Gegenteil verlangten, sich mit allen Dingen, die ihre Gemeinden angingen, zu beschäftigen. Nach dem Frieden der Kirche bekamen die Bischöfe und der Klerus im Reich einen besonderen Rechtsstatus; und in diesem Moment erinnerte man sich dann an die sacerdotalen Einrichtungen des Alten Testaments, wo es eine eigene Priesterklasse gab, zugleich aber auch an den sozialen Rang der heidnischen Priesterschaften.

---

[46] *Apostolische Konstutionen,* II, 25,7, S. 81 f., dt. S. 65.

[47] R. Roques, *L'univers dionysien,* Paris: Le Cerf, 1954, Neuaufl. 1983, S. 182 f.

Die Eheschließung, eine Familienfeier

Weil er die Einladung zu einer Hochzeit nicht annehmen konnte, schickte der Bischof Gregor von Nazianz um 385 einen Entschuldigungsbrief, der folgende Ausführungen enthielt:

Mögen andere die Liebenden rufen – weil zu einer Hochzeit auch das Spielen gehört –, die Schönheit des Mädchens beschreiben, den Charme des Bräutigams entzünden und das Brautgemach mit Worten wie mit Blumen überschütten. Ich will Euch mein Hochzeitslied singen: Es segne der Herr Euch vom Sion her (Ps 127,5), möge er selbst die Ehe zusammenfügen und „mögest Du die Söhne Deiner Söhne sehen" (Ps 127,6) – es fehlt wenig, daß ich sage: sogar bessere. Das hätte ich Euch auch gewünscht, wenn ich anwesend gewesen wäre, und das wünsch ich Euch auch jetzt. Das Übrige soll Eure Sorge sein, und der Vater möge die Kränze auflegen, wie er es gewünscht hat. So haben wir es auch gehalten, wenn wir bei Hochzeiten dabei waren: den Vätern stehen die Kränze zu, uns aber die Gebete – und die sind, wie ich weiß, nicht räumlich begrenzt.[48]

Aus diesem Brief wird deutlich, daß die Anwesenheit eines Amtsträgers der Gemeinde nicht für nötig gehalten wurde, wenn Christen eine Hochzeit feierten. Der verhinderte Gregor denkt nicht daran, sich ersetzen zu lassen. Als Ritus erwähnt er nur das Bekränzen, um gleich festzustellen, daß er dies dem Herkommen entsprechend dem Familienvater überläßt.

Die Christen haben Hochzeitsbräuche anderer Kulturen übernommen: Zusammenlegen der Hände, Anlegen des Schleiers, Segnung und Bekränzung. Sie meinten, daß Gott auf unsichtbare Weise selbst das Band der Ehe knüpfen würde; dies zeigen ikonographische Zeugnisse, in denen Christus die Stelle des Familienvaters einnimmt. Um dieses Wirken Gottes augenfällig zu machen, haben mit fortschreitender Entwicklung der Kirchen Amtsträger (Bischöfe und Presbyter) die Väter ersetzt und statt ihrer die Heiratszeremonie geleitet.

Im 9. Jahrhundert blieb, wie einem Brief von Papst Nikolaus I. (13. November 866) zu entnehmen ist, im Bereich der Kirche von Rom die Verlobung ein im Familienkreis geübter Brauch, zu dem

---

48 Gregor von Nazianz, *Briefe,* Brief 231, *Bibliothek der griechischen Literatur,* Bd. 13, Stuttgart: A. Hiersemann, 1981, S. 219. Vgl. hierzu Korbinian Ritzer, *Formen, Riten und religiöses Brauchtum der Eheschließung in den christlichen Kirchen des ersten Jahrhunderts,* LQF 38, Münster: Aschendorff, ^{2}1982, S. 76-80.

die Erklärung der Zustimmung gehörte sowie die Übergabe von Ring und Mitgift. Die Trauung selbst dagegen wurde in der Kirche gefeiert, im Rahmen der Eucharistie. Die Brautleute erhielten den Segen und den Schleier. An der Kirchentür nahm man eine Bekränzung vor. Doch diese Riten waren nicht obligatorisch. In der byzantischen Kirche dagegen war seit dem Concilium Quinisextum (691/692) der Priestersegen für die Trauung bindend vorgeschrieben.

Die Rekonziliation der Büßer

In zwei Briefen des Papstes Innozenz I., geschrieben 405 und 416, wird auf die Schwierigkeiten eingegangen, die mit der Rekonziliation der Sünder verbunden waren:

Was soll man mit denen tun, die auch nach der Taufe ohne Unterlaß der Fleischeslust gefrönt haben, am Ende ihres Lebens aber bereuen und um die Buße und Wiederversöhnung bitten? Zwei Verhaltensweisen sind ihnen gegenüber denkbar: die eine, die ältere, ist sehr streng; die andere, jüngere, zeigt mehr Nachsicht und Milde. Dem alten Brauch entsprechend gewährte man im oben erwähnten Fall dem Sünder die Buße, verweigerte ihm aber die Kommunion. In jenen fernen Zeiten nämlich gab es sehr häufig Verfolgungen, und zu Recht verweigerte man die Kommunion, da man fürchtete, die Gläubigen würden noch stärker zur Apostasie neigen, wenn man ihnen die Rekonziliation so leicht machte. Die Buße wurde gewährt, um ihnen nicht alles zu verweigern ... Doch nachdem der Herr seinen Kirchen den Frieden zurückgegeben hatte und die Schreckenszeit vorüber war, entschloß man sich, den Sterbenden die Kommunion zu gewähren – als ein Viaticum, das die göttliche Barmherzigkeit für die vorgesehen hat, die von uns gehen –, um nicht den Eindruck zu erwecken, man wäre ebenso hart und unnachgiebig wie der Häretiker Novatian, der die Möglichkeit der Vergebung leugnete. Zusammen mit der Buße gewährte man also *in extremis* die Kommunion.[49]

Was die betrifft, die für schwere Sünden oder auch für kleinere Vergehen Buße tun, so soll man sie, wenn keine Krankheit dagegenspricht, gemäß dem Brauch der römischen Kirche am Gründonnerstag rekonziliieren. Was die Bewertung der Schwere ihrer Sünden angeht, so obliegt es dem *sacerdos* (Bischof oder Presbyter) darüber zu urteilen, wobei er sich an das Bekenntnis des Pönitenten halten soll, aber auch an dessen Tränen

[49] Innozenz I., *Brief an Exuperius von Toulouse,* fr. Übers. von C. Vogel, *Le pécheur et la pénitence dans l'Église ancienne,* Paris: Le Cerf, 1966 und 1982, S. 169.

der Reue; ihm obliegt es auch, die Rekonziliation zu gewähren, wenn er meint, daß die Buße ausreichend war. Wenn aber jemand von einer schweren Krankheit heimgesucht wird, soll man ihn vor der Osterzeit rekonziliieren, damit er nicht ohne Kommunion aus dieser Welt scheiden muß.[50]

Das in diesen beiden Briefen erwähnte Bußverfahren hatte nach den Verfolgungen einen gleichbleibenden Ablauf bekommen. Man kann drei Abschnitte darin unterscheiden:

1. *Die Aufnahme in den Büßerstand.* Dieser Feier stand der Bischof vor oder, in Rom, der Titularpriester einer Bezirkskirche. Zum Ritual gehörte eine Handauflegung, danach kleidete der Liturg den Pönitenten in ein Kleid aus grobem Stoff, das Erkennungsmerkmal der Büßerklasse. Die Gemeinde war durch das Gebet aktiv an dieser Feier beteiligt und wie bei den Katechumenen bestätigte sie den Ernst der inneren Umkehr. In Rom war der Aschermittwoch, der Beginn der Fastenzeit, der traditionelle Tag für diesen Eintritt in den Büßerstand geworden.

Die Theologen haben viel über die Natur des Bekenntnisses in diesem öffentlichen Ritual debattiert. Gewiß, der reuige Sünder erkannte seine Verfehlung an, aber das bedeutete keineswegs ein öffentliches Bekenntnis, im Gegenteil: Papst Leo I. (gest. 461) zum Beispiel erinnerte an das Verbot, öffentlich die Liste der Sünden zu verlesen, das Bekenntnis mußte vielmehr im persönlichen Gespräch abgelegt werden. In vielen Fällen allerdings war die Sünde allgemein bekannt.

Nur die Sünden, „die zum Tod führen" (1 Joh 5,16) fielen unter dieses Bußverfahren: insbesondere der Götzendienst mit seiner völligen Abkehr von Gott, der Mord, der Ehebruch und die Unzucht. Eine Vergebung der sogenannten „alltäglichen" Sünden ließ sich durch gute Werke erlangen: durch Almosengeben, Gebete, Aufsagen des Vaterunsers, Fasten usw.

2. *Die Bußzeit.* Sie war dem Katechumenat vergleichbar und sollte eine tiefe Verwandlung des ganzen Wesens wie auch des äußeren Verhaltens herbeiführen. Ihre Dauer variierte nach der Schwere der Sünden.

3. *Die Rekonziliation.* Sie bestand im wesentlichen aus einer Handauflegung und einem Gebet. Wie in dem Brief von Innonzenz I. an Exuperius erwähnt, wurde sie in Rom am Abend des Gründonnerstags gefeiert, damit die wiederaufgenommenen

[50] Innozenz I., *Brief an Decentius,* fr. Übers. von R. Cabié, a.a.O., S. 29-31.

Büßer in den Genuß der Eucharistie und der Osterfreude kommen konnten.

Diese Rekonziliation wurde nur ein einziges Mal gewährt: Wenn der wiederaufgenommene Pönitent erneut sündigte, sah sich die Gemeinde nicht mehr in der Lage, ihm noch einmal die Vergebung Gottes zuteil werden zu lassen. Um ihn also vor jedem schweren Rückfall zu bewahren, erlegte man ihm weiterhin – und zwar für den Rest seiner Tage – eine Art Büßerleben mit bestimmten Verboten auf: er mußte völlige Enthaltsamkeit üben, durfte gewisse öffentliche Ämter nicht bekleiden und gewisse Berufe nicht ausüben, durfte keine Prozesse führen und natürlich kein kirchliches Amt ausfüllen.

Diese Strenge verursachte ab dem 5. Jahrhundert schwerwiegende pastorale Probleme: Um nicht eines Tages unter diesen Verboten leiden zu müssen, warteten die Katechumenen mit der Taufe lieber ab, ja zögerten sie solange hinaus, bis sie auf dem Totenbett lagen. Das Bußverfahren in dieser Form wurde daher immer mehr ausgehöhlt: Die Pastoren nahmen die jungen Leute davon aus, um sie nicht für den Rest ihrer Tage zu einem Büßerleben verurteilen zu müssen; Verheiratete konnten nur mit Zustimmung des Ehegatten in den Büßerstand treten, weil dieser die Verpflichtung zu völliger Enthaltsamkeit nach sich zog; die Erfüllung gewisser gesellschaftlicher Aufgaben war mit dem Pönitentenstand unvereinbar.

Während sich der Westen damals wegen des Niedergangs des Römischen Reichs und der verheerenden Invasionen in einer Periode der Instabilität befand, die einer geruhsamen Entwicklung fester Einrichtungen wenig günstig war, gab der christliche Osten der Bußpastoral einen eher medizinischen Sinn: Die auferlegte Buße wurde nicht als Strafe betrachtet, sondern als eine Arznei, die den Sünder von seinen schlechten Neigungen heilen sollte. Die Bußzeit war in Abschnitte unterteilt, in denen man von Mal zu Mal größere Milde walten ließ. So etwa beim Mord:

> Wer vorsätzlich gemordet, nachher aber es bereut hat, soll zwanzig Jahre an den heiligen Geheimnissen nicht teilnehmen. Die zwanzig Jahre sollen bei ihm also eingeteilt werden: Vier Jahre muß er weinen, außerhalb der Türe des Gebetshauses stehend und die eintretenden Gläubigen um ihre Fürsprache bittend, wobei er seine Missetat bekennt. Nach den vier Jahren wird er unter die Hörenden aufgenommen und muß fünf Jahre mit diesen hinausgehen. Sieben Jahre soll er mit den Knienden beten und mit ihnen hinausgehen. Vier Jahre soll er nur mit den Gläubigen zusammenstehen,

ohne am Opfer teilzunehmen. Nach Verlauf dieser Jahre soll er wieder an den Geheimnissen teilnehmen.[51]

Die abnehmende Strenge, die hier sichtbar wird, betrifft die Teilnahme an den Versammlungen. Von Stufe zu Stufe darf der Büßer länger anwesend sein: Im ersten Abschnitt ist er völlig ausgeschlossen und muß vor der Tür bleiben, danach darf er nur an den Lesungen teilnehmen und muß zusammen mit den „Hörenden" hinausgehen, das heißt mit den Heiden, die ein Interesse am Glauben haben, aber noch nicht zum Katechumenat zugelassen sind. In den beiden folgenden Abschnitten muß er die Versammlung einmal nach einem Fürbittgebet, dann nach der *oratio communis* verlassen. Eine Organisation der Buße nach Stufen oder Abschnitten findet man bereits in den Kanones 11, 12 und 14 des Konzils von Nizäa von 325.

Therapeutische Formen des Bekennens von Sünden wurden ab dem Ende des 4. Jahrhunderts vor allem in den Mönchsgemeinschaften entwickelt. Der geistliche Führer war nicht unbedingt Priester, und die auferlegten Bußen wurden als eine medikamentöse Behandlung betrachtet, deren Erfolg im Rahmen der Gemeinschaft überprüft und bestätigt werden mußte.

Ebenfalls zuerst in monastischen Kreisen entwickelte sich im Abendland während des 7. Jahrhunderts eine neue Bußpraxis: die in sogenannten Bußbüchern festgehaltene „Tarifbuße", bei der man den einzelnen Sünden entsprechend eine bestimmte Buße auferlegt bekam. Die Mönche, die aus Irland und England gekommen waren, um den Kontinent zu evangelisieren, verbreiteten diesen Brauch bis nach Aquitanien und Norditalien. Diese neue Form der Sündenvergebung war im Abendland schnell erfolgreich, denn die frühere Buße war wegen ihrer Strenge impraktikabel geworden.

Die Tarifbuße bot die Möglichkeit einer Rekonziliation ohne schwerwiegende Verbote. Sie war wiederholbar: Der Sünder konnte diese Buße immer wieder üben. Sie war geheim: Alles spielte sich zwischen dem Pönitenten und seinem Beichtvater ab und nicht in der Versammlung. Der Pönitent bekannte seine Sünden, und die Buße wurde ihm nach den „Tarifen" der gerade in Gebrauch befindlichen Bußbücher auferlegt. Die Strafen für mehrere Verfehlungen wurden addiert. Nachdem er die Buße abgelei-

---

[51] Basilius von Cäsarea (gest. 379), *Briefe*, Nr. 217, *Bibliothek der Kirchenväter*, Reihe 1, Bd. 46, München: Kösel und Pustet, 1925, S. 248 f.

stet hatte, kam der Pönitent wieder, um die Absolution zu empfangen.

Dieses Bußsystem führte zu gewissen Mißbräuchen. Da die auferlegten Strafen in ihrer Summe sehr hart sein konnten (jahrelanges Fasten zum Beispiel), ging man dazu über, sogenannte Kommutationen zu akzeptieren: Eine Buße wurde in eine andere umgewandelt, die vom Büßer selbst oder einem Dritten abgeleistet wurde. Die Fastentage wurden durch Gebete ersetzt, durch Almosen, das Feiern von Messen, durch eine pekuniäre Abgabe, eine Wallfahrt, die Teilnahme an einem Kreuzzug. Das spätere Ablaßwesen leitet sich aus diesen Praktiken her.

Das Krankenöl

In dem Brief, den Papst Innozenz I. 416 an den Bischof Decentius von Gubbio schrieb, gibt es sehr klare Ausführungen zum Krankenöl. Kommentiert wird die Stelle aus dem Jakobusbrief (5,14-15), wo davon die Rede ist, daß die Kranken im Namen des Herrn mit Salböl gesalbt werden sollen:

> Ganz ohne Zweifel spricht dieser Text von gläubigen Kranken, von solchen, die mit dem heiligen Salböl gesalbt werden dürfen. Dieses vom Bischof bereitete Öl ist nicht nur für die da, die mit dem Priesteramt betraut sind, sondern für alle Christen, in deren Macht es steht, es zur Salbung ihrer selbst oder der Ihren zu benutzen, wenn die Krankheit sie zur Eile drängt.[52]

Der Papst weist eigens darauf hin, daß es sich um gläubige Kranke handelt, denn an Katechumenen darf diese Salbung nicht vorgenommen werden. Ebenfalls davon ausgeschlossen sind, wie an einer späteren Stelle des Briefs gesagt wird, die Büßer.

Liturgien für die Märtyrer und die Verstorbenen

Gemäß den weiter oben (S. 63) geschilderten Begräbnistraditionen kamen die Familie und die Freunde des Verstorbenen nicht nur am Tag der Beisetzung *(depositio)* am Grab zusammen, sondern auch später an bestimmten Tagen. Bei diesen Zusammenkünften

---

[52] Innozenz I., *Brief an Decentius,* fr. Übers. von R. Cabié, a.a.O., S. 31.

gab es ein Totenmahl, genannt *refrigerium;* Teile davon waren dem Verstorbenen vorbehalten, dessen Teilnahme durch einen leeren Platz symbolisiert wurde. Die Christen haben diese Bräuche übernommen: Die Gemeinden versammelten sich so zu Ehren der Märtyrer und die Familien für ihre Verstorbenen. Die Kirchenhirten versuchten, gewisse Auswüchse zu verhindern, wie die folgende Stelle aus Augustins *Bekenntnissen* zeigt, in der es um das Verhalten seiner Mutter Monica geht, als diese sich zur Zeit des Bischofs Ambrosius in Mailand aufhielt:

> Als sie zu den Gedächtnisstätten der Heiligen, wie sie es nach dem Brauch in Afrika gewohnt war, Mehlbrei, Brot und ungemischten Wein brachte, aber vom Türhüter damit zurückgewiesen wurde – der Bischof habe es verboten –, nahm sie es ehrfürchtig hin ... Wenn sie ihren Korb mit dem bei der Begehung vorzukostenden und dann zu verteilenden Inhalt herbeigebracht hatte, kredenzte sie nur einen kleinen Becher Weins zum Bescheidtun, auch den nur gemischt, wie es ihr nüchterner Gaumen liebte. Und galt es, gleich mehrere Memorien Entschlafener in solcher Art zu ehren, auch dann trug sie immer nur jenes eine Becherlein herum und setzte es überall auf, um den stark gewässerten Trunk, der auch noch alle Frische dabei verlor, mit den anwesenden Ihrigen in kleinen Schlucken zu teilen; denn nur um die fromme Sitte war es ihr zu tun, nicht um Genuß.
>
> Kaum nun daß sie erfuhr, von dem berühmten Prediger und Meister der Frömmigkeit sei das Verbot dieses Brauches ergangen, und zwar auch wenn er in aller Nüchternheit geübt würde, um den Trunksüchtigen ja keine Gelegenheit für ihre Leidenschaft zu bieten, es sei aber auch deshalb ergangen, weil derlei Totenmähler heidnischem Aberglauben aufs Haar ähnlich sähen, stand sie mit größter Bereitwilligkeit davon ab und lernte bald, statt einen Korb voller Gaben der Erde ein Herz voll um so reinerer Gebete zu den Memorien der Märtyrer mitzubringen. Nun gab sie dafür nach Kräften den Bedürftigen, und also ward an jenen Stätten die Gemeinschaft mit dem Leibe des Herrn begangen: denn in der Nachfolge seines Leidens hatten die Märtyrer sich hingeopfert und die Krone empfangen.[53]

Auch in den *Apostolischen Konstitutionen* finden sich, versammelt in einem Abschnitt, mehrere diesbezügliche Verordnungen: es geht um die Zusammenkünfte am Grab, um die Totenmähler, um zu vermeidende Unmäßigkeit (Trunkenheit) und um die Gebete, die gesprochen werden sollen (VIII, 41-44, a.a.O., S. 333-336, dt. S. 72-75). Hier ein Auszug:

> Der dritte Tag der Verstorbenen soll in Psalmen, Lesungen und Gebeten gefeiert werden wegen des nach drei Tagen Auferstandenen, und der neun-

[53] Augustinus, *Bekenntnisse,* VI, 2, a.a.O., S. 245-247.

te zur Erinnerung der Überlebenden und der Verstorbenen, und der dreißigste nach altem Vorbilde, weil in solcher Weise das Volk den Moses betrauerte (Dtn 34,8), und schließlich der Jahrestag zu seinem Gedächtnisse. Aus seiner Nachlassenschaft soll den Armen zu seiner Erinnerung etwas gegeben werden.[54]

In einem anderen Abschnitt begegnen wir, mit einigen Zusätzen, erneut einer Vorschrift, die uns schon aus der *Didaskalie* bekannt ist (vgl. oben, S. 64):

Versammelt euch ohne Scheu in den Coemeterien zur Lesung der heiligen Bücher, singet Psalmen für die entschlafenen Märtyrer und alle Heiligen von Anfang und für eure im Herrn entschlafenen Brüder und bringet das Antityp (reale Abbild) des königlichen Leibes Christi, die wohlgefällige Eucharistie, als Opfer dar in euren Kirchen und Coemeterien und begleitet die Leichenzüge der Verstorbenen mit Psalmengesang, wenn sie gläubig im Herrn gewesen.[55]

Römischen Grundsätzen entsprechend lagen die Grabstätten nie im Innern der Stadt. Die Gräber der Märtyrer und folglich auch die über ihnen errichteten Kirchen befanden sich außerhalb der Mauern. Die Verehrung der Reliquien erfolgte ursprünglich durch Berührung: Damit man an das Grab gelangen konnte, wurde ein spezieller Zugang angelegt, die weiter oben (S. 81) beschriebene Confessio. Die Gläubigen nahmen als persönliche Reliquien Tücher oder Öle mit, die mit dem heiligen Körper in Berührung gekommen waren.

Mit der Entdeckung des Leibs des heiligen Stephanus im Jahr 415 begann die Verbreitung von Reliquien in dem uns bekannten Sinn, das heißt man zerteilte die Gebeine. Später, als die Lage wegen der Barbareneinfälle unsicher geworden war, überführte man die sterblichen Reste der Heiligen, die auf den Friedhöfen außerhalb der Mauern ruhten, in die Stadtkirchen.

Die Feste und die Kalendarien

Betreffs der Osterfeierlichkeiten hat Epiphanius, der Bischof von Salamis (Zypern), mehrere Traditionen beschrieben, die in verschiedenen Kirchen üblich waren: Einige Kirchen hielten während der ersten sechs Tage der Heiligen Woche und bereits die ganze Fastenzeit über von der neunten Stunde (15 Uhr) bis zum Abend

---

[54] *Apostolische Konstitutionen,* VIII, 42, S. 355, dt. S. 74.
[55] *Apostolische Konstitutionen,* VI, 30,2, S. 236, dt. S. 216.

tägliche Versammlungen ab. Andere feierten nur zwei Vigilien: die erste vom Abend des Gründonnerstags bis Freitag früh, die zweite in der Osternacht. Wieder andere hielten nur eine einzige Versammlung ab, entweder am Gründonnerstag zur neunten Stunde oder am Ostersonntag bei Tagesanbruch.

Zur gleichen Zeit wurden zwei Kalendarien mit Jahresfesten in die *Apostolischen Konstitutionen* aufgenommen. Der erste Kalender[56] vervollständigte die aus der *Didaskalie* (siehe oben, S. 65) übernommenen Angaben und fügte jeweils das Datum und den Sinn des Festes hinzu. Angeführt wurden:

– Weihnachten, die Geburt des Herrn, am 25. Dezember;

– die Epiphanie, der Tag, an dem der Herr seine Gottheit geoffenbart hat, am 6. Januar;

– die vierzigtägige Fastenzeit (Quadragesima) zum Andenken an das öffentliche Leben des Herrn und seine Gesetzgebung, in der man jede Woche von Montag bis Freitag fastet;

– die Osterwoche (Große oder Heilige Woche), in der an sechs Tagen gefastet wird, auch am Karsamstag;

– Ostern, dessen Termin auf den Sonntag nach dem ersten Frühlingsvollmond fällt;

– der Oktavtag von Ostern (Weißer Sonntag), wo Christus dem Evangelium zufolge dem schwergläubigen Thomas erschien und von seiner Auferstehung überzeugte;

– die Himmelfahrt, am Donnerstag vierzig Tage nach Ostern;

– die Herabkunft des Heiligen Geistes, fünfzig Tage nach Ostern;

– darauf eine Fest- und dann eine Fastenwoche;

– Erinnerung an das wöchentliche Fasten, welches das ganze Jahr über mittwochs und freitags stattfinden soll, außer in der fünfzigtägigen Osterzeit (Pentekoste).

Der zweite Festkalender[57] gibt an, an welchen Tagen die Herren ihre Sklaven nicht arbeiten lassen sollen, damit sie an den christlichen Versammlungen teilnehmen können: am Samstag und Sonntag, während der Großen Woche und der, die darauf folgt (Osterwoche), am Tage der Himmelfahrt, am Pfingstfest, am Feste der Geburt, am Feste der Epiphanie und Taufe Christi, an den Tagen der Apostel, am Tag des heiligen Stephanus und an den Tagen der übrigen Märtyrer.

---

56 Buch V, 13-20, a.a.O., S. 181-195, dt. S. 160-176.

57 Buch VIII, 33, a.a.O., S. 327 f., dt. S. 66 f.

Die beiden Kalendarien sind bereits von großer chronologischer Treue, was das Gedenken an die Ereignisse im Leben des Herrn betrifft. Doch die christlichen Feste sind keine bloßen Jahrestage, wie die der Epiphanie gegebene Bedeutung zeigt: es geht um die Offenbarung der Göttlichkeit Christi, um die Theophanie der Taufe, ohne daß der Text die Weisen aus dem Morgenland überhaupt erwähnt. Man erfährt in diesen Kalendarien allerdings nichts über die Form, in der diese Feste gefeiert wurden.

Für das damalige Jerusalem dagegen liefert uns der Bericht der Egeria zahlreiche Hinweise zum Zeremoniell der einzelnen Feste. Es stimmt freilich, daß sich die Kirche von Jerusalem in einer ganz besonderen Situation befand, denn die Ortsgemeinde, die Mönche und die Pilger konnten hier die Orte aufsuchen, an denen Jesus und die Apostel und vor ihnen die Patriarchen, Propheten und Könige geweilt hatten. Man orientierte sich an der Chronologie der Evangelien, um an den angegebenen Tagen unmittelbar vor Ort die Berichte über Momente aus dem Leben Christi zu verlesen: Geburt und Epiphanie, Darstellung im Tempel, die Stationen der Passion, mit Palmsonntag, dem Letzten Abendmahl, dem Todeskampf, der Kreuzverehrung auf Golgatha und der Nachtwache in Erwartung der Auferstehung, dann, nach dem Ostersonntag, der Sonntag des Thomas, die Ausgießung des Heiligen Geistes und, am selben Tag, das Gedächtnis der Auferstehung. Durch die Pilger gelangten diese Festkreise von Jerusalem aus in die Kirchen des Orients und Okzidents.

In anderen Zeugnissen aus dieser Zeit gibt es jedoch versteckte Hinweise, daß die Kirchen auch anderenorts schon damals jene Feste begingen, aus denen der liturgische Kalender hervorging. So erwähnt Basilius von Cäsarea beiläufig die Bedeutung der fünfzigtägigen Osterzeit, in welcher der Ostertag seine Entfaltung findet:

> Jeder fünfzigste Tag ... ist eine Erinnerung an die im zukünftigen Äon erwartete Auferstehung. Denn dieser eine und erste Tag vollendet, siebenmal versiebenfacht, die sieben Wochen der heiligen fünfzig Tage. Diese Zeit beginnt nämlich mit dem ersten (Tag der Woche) und endigt mit demselben, in der Zwischenzeit sich fünfzigmal in ähnlichen Tagen entfaltend. Durch die Ähnlichkeit ahmt sie die Ewigkeit nach, fängt sie doch in einer Kreisbewegung bei den gleichen Zeiten an, wo sie aufhört.[58]

---

[58] Basilius von Cäsarea, *Über den Heiligen Geist,* XXVII, 66, *Fontes Christiani,* Bd. 12, Freiburg u.a.: Herder, 1993, S. 281.

Schlußfolgerung: Ein Goldenes Zeitalter der Liturgie

Wie in diesem Kapitel immer wieder dargelegt wurde, beflügelte der Frieden der Kirche die Entwicklung sämtlicher liturgischer Einrichtungen: Was seit den Zeiten der Apostel nur keimhaft angelegt war, konnte nun in den Feiern zur vollen Entfaltung kommen. Dennoch kann man in diesem Goldenen Zeitalter, das über mehrere Jahrhunderte währte, verschiedene Phasen unterscheiden. So war die Gründungsperiode im 4. und 5. Jahrhundert vom raschen Wachstum der Gemeinden geprägt, das aus den zahllosen Bekehrungen resultierte. Die katechumenalen und baptismalen Einrichtungen mußten sich schnell entwickeln, um ihrer Aufgabe gerecht zu werden: der Aufnahme erwachsener Konvertiten. Als die Bevölkerung des Römischen Reichs nach dem 5. Jahrhundert jedoch zum größten Teil christlich war, wurden die Erwachsenentaufen seltener. Das Katechumenat wurde kaum noch gebraucht und einige seiner Riten überlebten nur als funktionslos gewordene Zeugnisse der Vergangenheit: So blieb es in den regulären Gottesdiensten üblich, die Katechumenen aufzufordern, die Versammlung zu verlassen, obwohl es überhaupt keine Katechumenen mehr gab.

Umgekehrt wurden andere Einrichtungen, die die Gemeinschaft festigen und das christliche Leben vertiefen sollten, auch in der Folgezeit noch weiter ausgestaltet: das Zeremoniell der eucharistischen Liturgie und der täglichen Versammlungen, das Bußverfahren usw. Gleichzeitig wandten sich das theologische Denken und die Predigt, die in der Katechese kein ausreichendes Betätigungsfeld mehr fanden, stärker der Interpretation und dem Kommentar der Eucharistiefeier und der Feste des liturgischen Kalenders zu.

Unter dem Gesichtspunkt der Riten war spätestens im 8. Jahrhundert alles Wesentliche bereits vorhanden, und die Neuerungen der folgenden Epochen konnten nur sekundäre oder periphere Aspekte betreffen: die Ausgestaltung der Einzugsriten bei den Feiern, das Hinzufügen von Gebeten und Gesängen, das Dekor des Sanktuariums usw. Dennoch gibt es auch in den folgenden Jahrhunderten noch wichtige Entwicklungen: sie betreffen allerdings nicht so sehr die Struktur der Riten, sondern deren jeweilige Umsetzung sowie die Art und Weise, die Liturgie zu begreifen.

5. Christentum und Christenheit: Von der Bekehrung der Völker zur Massenreligion

Obwohl das Christentum als offizielle Religion anerkannt worden war, stand für die Kirchen noch nicht alles zum besten. Zwar waren die Gemeinden größer geworden und hatten ihre Einrichtungen entwickeln können, doch im Bereich der Politik gab es zwischen der Zeit Konstantins und dem Ende des Mittelalters tiefgreifende Umwälzungen. Im byzantinischen Reich herrschte bis zum Ende des 15. Jahrhunderts eine relative Stabilität, aber nur im Zentrum, denn die Grenzen wurden im Lauf der Jahrhunderte immer enger und umfaßten am Ende nur noch das Gebiet um Konstantinopel. Das Abendland hingegen war seit dem 5. Jahrhundert immer wieder Opfer verheerender Invasionen, ehe sich die Lage unter Karl dem Großen allmählich wieder stabilisierte.

So war 452 Attila in Italien eingefallen, 455 folgten die Wandalen, und 493 gründete Theoderich ein gotisches Königreich. Von 530 bis 555 bemühte sich Byzanz mit Erfolg, einen Teil der alten westlichen Gebiete zurückzuerobern. 568 fielen die Lombarden in Norditalien ein. Und die Unruhen nahmen kein Ende. Infolge der Invasionen war das Gebiet des ehemaligen Weströmischen Reichs in viele Königreiche zersplittert, an deren Spitze Barbarenführer standen: Ostgoten, Westgoten, Burgunden, Wandalen, Alemannen, Franken usw. Die städtische Zivilisation hatte unter den zahlreichen Plünderungen stark gelitten, und die Wirtschaft war größtenteils wieder eine bäuerliche geworden, dominiert von den großen Besitzungen und Gütern, auf denen ländliche Pfarreien entstanden.

Nach dem Niedergang der zivilen Einrichtungen des Römischen Reichs mußten religiöse Einrichtungen, Bistümer und Klöster, das kulturelle Erbe der Antike bewahren, das jetzt natürlich christianisiert wurde. Im nördlichsten Teil des ehemaligen Westreichs, in dem die römische Zivilisation und das Christentum noch nicht so fest verwurzelt waren wie in den südlichen Provinzen, nahmen die irischen Mönche ein großangelegtes Evangelisierungswerk in Angriff, wozu auch zahlreiche Klostergründungen gehörten, in Luxeuil, in den Rhein- und Moseltälern, am Ufer des Bodensees, in Sankt Gallen und in Norditalien.

Die karolingische Renaissance und ihre Folgen für die christlichen Einrichtungen

Nach dem Zerfall der Merowingereiche unternahmen Karl Martells Nachfolger, Pippin der Kurze und Karl der Große (768-814), eine Neuorganisation des gesamten Territoriums, das ihrer Herrschaft unterstand. Es war dies eine Reform und eine Restauration zugleich. Den neuen Herren des Abendlands stand ein sehr reales Modell vor Augen, von dem sie sich absetzen wollten und das sie doch kopierten: Byzanz, ein christliches Kaiserreich, in dem die politische Macht sich auch in allen religiösen Fragen für zuständig hielt.

Im Jahre 751 wurde Pippin der Kurze, später dann Karl der Große, zum Beschützer des christlichen Roms, das neuen Lombardeneinfällen ausgesetzt war, gegen die das byzantinische Reich diesmal nichts auszurichten vermochte. Die Kirche von Rom ging daraufhin auf Distanz zu Konstantinopel und begab sich unter den Schutz der westlichen politischen Führer, deren Legitimität sie durch die Königskrönung und die Kaisersalbung anerkannte, wie sie am Weihnachtstag des Jahres 800 an Karl dem Großen vorgenommen wurde.

Von dieser Zeit an wurden die Beziehungen zwischen östlicher und westlicher Kirche immer gespannter. Die Geschichte nahm bei beiden Kirchen einen anderen Verlauf. Die Vergleiche zwischen der römischen und der byzantinischen Liturgie werden daher auf den folgenden Seiten auch seltener werden, und wir werden uns darauf beschränken, die Einrichtungen der abendländischen Kirchen zu beschreiben.

Als ein buntes Gemisch unterschiedlicher Bevölkerungen erlangte das neue abendländische Kaiserreich seine Einheit durch das Christentum:

> Die Einheit des Glaubens bildete das eigentliche Bindemittel des karolingischen Reichs. Trotz Divergenzen in Einzelfragen arbeiteten weltliche Herrscher und Bischöfe eng zusammen, um alle Völker des Reichs im römisch-katholischen Glauben zu vereinen, der allein stark genug war, um die übrigen Differenzen zu überwinden und gemeinsame Grundüberzeugungen zu begründen ... Die Taufe, das heißt der Beitritt zur katholischen Kirche, deren Haupt, Rom, sich im Reich befand, bedeutete für die karolingischen Herrscher das Einswerden mit dem christlichen Volk, dessen Führer sie waren. Im Lauf des 9. Jahrhunders verschmolzen das Reich und das christliche Volk im Bewußtsein der Herrscher und Kirchenfürsten zu

einer untrennbaren Einheit, und so bildete sich allmählich eine Art eigener Charakter für diesen Teil Westeuropas heraus, den seine Führer und Denker nicht nur dem muslimischen Islam und dem von ihnen bekämpften nordischen Heidentum entgegensetzten, sondern auch der byzantinischen Orthodoxie, die sie verachteten und gleichzeitig fürchteten. In diesem Sinn kann man von einer karolingischen Christenheit sprechen.[1]

Die Bekehrung der Völker geschah auf Befehl ihrer Führer; genauso verhielt sich auch in den östlichen Gebieten (dem heutigen Osteuropa), wo die Nachbarvölker von Byzanz auf Betreiben ihrer Fürsten das Christentum annahmen. Um diese Massen zu bekehren, brauchte man Missionare bzw. „importierte" Geistliche; erst in den darauffolgenden Generationen rekrutierten sich die Mitglieder des lokalen Klerus und der Klöster aus der einheimischen Bevölkerung:

> Die karolingische Gesellschaft erkannte auch weiterhin die aus dem Altertum überkommenen Hierarchien an ... Die allgemeine Verbreitung der Taufe hatte nicht zu einer umfassenden gesellschaftlichen Homogenität geführt. Doch zusätzlich zu diesen rechtlich verankerten politisch-sozialen Abstufungen zwischen verschiedenen Bevölkerungsgruppen gab es jetzt eine neue, religiöse Grenze, eine Unterteilung der Menschen in Kleriker und Laien, wie es sie im griechisch-lateinischen Heidentum nie gegeben hatte, wo das Priesteramt, bis auf wenige Ausnahmen, keinen sozialen Sonderstatus implizierte. Von jetzt an hingegen unterscheidet sich der Kleriker durch besondere Rechte und Pflichten sowie eine ihm eigene Lebensform prinzipiell vom Laien.[2]

Diese strikte institutionelle Trennung zwischen Klerikern und Laien darf nicht fälschlich in die Antike zurückprojiziert werden, sie ist ein Produkt der karolingischen Kirche, und daraus erklärt sich auch, wenigstens zum Teil, daß sie für die katholische Kirche charakteristisch ist, während die byzantinische sie in dieser Form nicht kennt.

Nicht nur die Taufe, sondern alle liturgischen Einrichtungen machte man sich dienstbar, um die Einheit des karolingischen Reichs zu stärken. Bis dahin waren die Kirchen den Traditionen ihrer Provinzen oder Erzbistümer gefolgt. Spätestens seit dem 8. Jahrhundert waren in den Diözesen und Abteien allerdings auch schon liturgische Bücher im Umlauf: Verzeichnisse der zu lesen-

---

[1] J. Chélini, *L'aube du Moyen Age. Naissance de la chrétienté occidentale,* Paris: Picard, 1991, S. 44.

[2] J. Chélini, *L'aube du Moyen Age ...*, S. 33.

den Schriftperikopen, Sammlungen von Meßformularen, Sammlungen der Gesangsstücke. Einige dieser Bücher waren römischen Ursprungs, während andere die Gebräuche der gallischen Kirchen widerspiegelten. In der wichtigsten dieser Textsammlungen, die man „altgelasianisches Sakramentar" genannt hat (obwohl die Zuschreibung an Papst Gelasius I. (492-496) falsch ist), waren römische Formulare mit gallikanischen Elementen gemischt worden. Karl der Große und seine kirchlichen Berater machten sich nun daran, die liturgischen Praktiken restaurativ zu vereinheitlichen, indem sie für alle Kirchen dieselben Bücher vorschrieben.

Die Einführung römischer Liturgiebücher

Karl der Große bat Papst Hadrian (772-795), ihm ein rein römisches Sakramentar (Sammlung von Meßformularen) zu schicken. Die Bitte wurde erst nach einiger Zeit erfüllt. Der Papst sandte eine Version des sogenannten „gregorianischen" Sakramentars (das aber erst nach der Zeit Gregors des Großen entstanden war). Das Buch wurde in die Bibliothek des Königlichen Palastes in Aachen aufgenommen, wo Kopisten eine Vielzahl von Abschriften anfertigten, damit es im ganzen Karolingerreich verbreitet werden konnte.

Im Hauptteil, der den ursprünglichen Kern darstellt, besteht das Gregorianum aus Formularen für die Stationsliturgie: Darunter fallen die Messen der Weihnachtszeit und der Epiphanie sowie die des Osterzyklus mit Quadragesima und Pentekoste. Bei diesen Stationsgottesdiensten handelte es sich um Feiern, bei denen die Kirche von Rom abwechselnd in den großen Basiliken und den Titelkirchen zusammenkam. In den alten Meßbüchern vor dem II. Vatikanum gab es im Kalender noch Hinweise auf diese Praxis, wenn es etwa hieß: Erster Sonntag der Quadragesima, Station in San Giovanni in Laterano. Im Gregorianum sind die beweglichen Herrenfeste (um Ostern) und die Heiligenfeste vermischt, während sie in dem vorhin erwähnten Altgelasianum auf zwei Bücher verteilt worden sind.

In der nach Aachen gelangten Fassung war die ursprüngliche römische Sammlung bereits erweitert worden. Doch auch in diesem Zustand war sie unzureichend, da sie nur für den Stationsgottesdienst zusammengestellt worden war. Es gab daher eine zweite, von Benedikt von Aniane verbesserte und erweiterte Version, der außerdem einen wichtigen Anhang hinzufügte *(Hadrianum cum supple-*

mentum Anianense). Benedikt hat sich dazu in einer langen Einleitung geäußert, die uns Aufschluß darüber gibt, wie diese Bücher rezipiert wurden, weshalb hier einige Auszüge daraus folgen:

... Weil es noch weitere (Formulare) gibt, die für die Praxis der Heiligen Kirche nötig sind, in (dem römischen Buch) aber fehlen, hielten wir es für richtig, sie zu sammeln wie die auf den Wiesen blühenden Blumen, sie zusammenzustellen und sie schließlich, korrigiert und mit Titeln versehen, gesondert in diesen Band aufzunehmen, damit der Leser in diesem Werk alles finde, was wir heute für unerläßlich halten, obgleich man den größten Teil davon auch in anderen Sakramentarien finden kann ...

Wem diese (Formulare), die wir ohne jeden Dünkel, aber mit aller Sorgfalt und Liebe gesammelt haben, gefallen, möge unsere Mühe nicht vergessen, sondern mit uns dem Schöpfer aller Gaben Dank sagen.

Wer sie für überflüssig hält und ohne Nutzen für seine eigenen Zwecke, möge sich (mit der aus Rom erhaltenen Sammlung) begnügen, die er nicht von sich weisen kann, ohne Schaden zu nehmen, und den Gebrauch des übrigen denen überlassen, die sich dafür interessieren und sich frommen Herzens seiner bedienen wollen.

Denn wir haben diese (Formulare) nicht für Undankbare und Hochmütige gesammelt, sondern für interessierte und fromme (Menschen): Wer aber zu ihnen gehört, wird darin die nötigen Anweisungen finden, um seine Gelübde zu erfüllen und den Gottesdienst würdevoll und wohlgefällig zu feiern. Der geneigte Leser sei versichert, daß wir in dieses Werk nur solche Texte aufgenommen haben, die von gelehrten und fachkundigen Männern verfaßt worden sind. Wir haben aus vielen Quellen geschöpft und viele (Formulare) gesammelt, um möglichst vielen Menschen zu nutzen.

Was die Präfationen betrifft, die wir an das Ende des Bandes gestellt haben, so bitten wir die, die Gefallen an ihnen finden, sie in die Meßfeier aufzunehmen und von Liebe erfüllt vorzutragen. Was die betrifft, die sie verstehen, aber nicht schätzen, und die, die sie mögen, aber nicht verstehen, so bitten wir sie, sie nicht zu verwenden und sie nicht vorzutragen.

Wir haben noch Segensgebete hinzugefügt, die der Bischof über das Volk spricht, sowie das (Formular) für die Einsetzung in niedere Kirchenämter, das in dem (aus Rom erhaltenen) Buch fehlt.

Daher bitte ich alle, die dieses Buch lesen oder kopieren, für mich, der ich all das zum Nutzen möglichst vieler Menschen gesammelt und durchgesehen habe, zum Herrn zu beten. Auch bitte ich darum, das Werk mit aller Sorgfalt zu kopieren, auf daß sein Text den Ohren der Gebildeten schmeichelt und die einfachen Leute vor Irrtümern bewahrt, denn, wie der selige Hieronymus sagt, es nützt nichts, ein Buch zu verbessern, wenn die Kopisten nicht sorgfältig darauf achten, die Verbesserungen zu übernehmen.[3]

---

[3] Nach der Ausgabe von J. Deshusses, *Le sacramentaire grégorien,* Bd. 1, 2. Aufl., Fribourg 1979, S. 351-353.

Wie es bei den Grammatikern der karolingischen Schule üblich war, hatte Benedikt von Aniane das aus Rom erhaltene Buch emendiert. Die nötigen Ergänzungen hatte er in anderen Sakramentarien gesammelt oder selbst zusammengestellt: Meßformulare, Präfationen und Segensgebete über das Volk. Hier haben wir ein direktes Zeugnis dafür, wie die liturgischen Bücher zirkulierten: Die von Karl dem Großen importierte Sammlung war zu anderen hinzugekommen, die bereits in Umlauf waren.

Was die Aufnahme seiner Sammlung anging, faßte Benedikt mehrere Möglichkeiten ins Auge: Einige würden nichts von ihr wissen wollen, ein deutlicher Hinweis darauf, daß die Reform Karls des Großen nicht vorbehaltlos hingenommen wurde. Andere würden nur das aus Rom stammende Sakramentar schätzen, ohne Benedikts Zusätze; wieder andere würden das ganze Werk begrüßen, zur größten Freude des Kompilators!

Die Einführung römischer Bücher und ihre Verbreitung im ganzen Reich auf Betreiben Karls des Großen bedeutete auf liturgischem Gebiet das Ende der mündlichen Überlieferung im Westen. Bis dahin hatte jede Kirche ihre eigene Tradition bewahrt, die sie auf ihre Gründer zurückführte, von Generation zu Generation weitergab und mit größter Sorgfalt respektierte. Indem Karl der Große und seine Berater für die Verbreitung eines aus Rom eingeführten Schriftwerks sorgten, machten sie für die Folgezeit das Buch zum obligatorischen Bezugspunkt und zur bindenden Norm. Infolgedessen wurden die lokalen mündlichen Traditionen allmählich von einem schriftlich festgehaltenen, kodifizierten Recht verdrängt, das seine Autorität daraus bezog, daß man die römischen Bücher für Werke der bekanntesten Päpste hielt, unter denen besonders Gregor der Große ein hohes Ansehen genoß.

Die weitere Ausgestaltung der römischen Liturgiebücher

Anfangs unterschieden sich die liturgischen Textsammlungen sowohl ihrer Bestimmung als auch ihren Titeln und ihrem Aufbau nach. Die Sammlungen wurden zunächst für bestimmte Dienstleistungen in den Versammlungen zusammengestellt. Die ersten waren bloße Verzeichnisse der zu lesenden Schriftperikopen, war doch die Bibel das einzige bei der Feier unerläßliche Buch. Danach faßte man den vollen, der Bibel entnommenen Text der Lesungen zusammen, und ordnete ihn nach kalendarischen Gesichtspunkten in Lektionarien an: im Epistolar für den Subdiakon, im Evangeliar für den Diakon.

Die Gebete und Monitionen wurden in den Sakramentarien gesammelt, und die für die Schola bestimmten Gesangsstücke in den Antiphonarien und Gradualen. Die Formulare für die Tauffeiern, die Ordinationen, die Rekonziliation der Büßer und die Benediktionen wurden an ihrer Stelle im Jahreskreis den entsprechenden Tagen zugeordnet (das Katechumenat bestimmten Tagen der Quadragesima, die Rekonziliation dem Gründonnerstag, die Taufe der Ostervigil usw.).

Ab dem 10. und 11. Jahrhundert begann man, die Texte für die verschiedenen Ämter in vollständigen, nach Feiern geordneten Büchern zusammenzufassen: In den Missalien vereinte man die Lesungen, die Gesangsstücke und die Gebete für die Messe, Texte, die vorher auf vier Bücher verteilt waren (Epistolar, Evangeliar, Sakramentar, Antiphonar). Die Zunahme der Messen ohne Gemeinde (vgl. unten, S. 130 f.) scheint diese Entwicklung stark beeinflußt zu haben: Da der Priester alle Aufgaben in Personalunion übernahm, stellte man ihm in einem einzigen Band außer den für ihn bestimmten Meßformularen auch noch jene Texte zur Verfügung, die in der Versammlung von den Lektoren und Kantoren zum Vortrag gebracht wurden.

Weitere Bücher waren die Folge ähnlicher Reorganisationen: Im Pontifikale waren die Formulare für Feiern zusammgefaßt, bei denen der Bischof präsidierte (Ordinationen, feierliche Rekonziliation der Büßer, Kirchweihen, Königssalbung usw.), und ab dem 14. Jahrhundert tauchen Ritualien auf, liturgische Handbücher für Priester, die die Texte und Anweisungen für ihre Gemeindepastoral enthalten (Taufe, Heirat, Krankensalbung, Segnungen usw.).

Das Interesse der fränkischen Geistlichen an der Liturgie der Kirche von Rom hatte sie veranlaßt, deren Feiern an Ort und Stelle zu beobachten und ihren Ablauf in Heften festzuhalten, die man *Ordines* (im Singular *Ordo)* nennt. Die Verbreitung dieser *Ordines* sollte helfen, die Sakramentarien besser zu verstehen, die gewöhnlich nur den Text der Gebete bieten. Der Inhalt einiger dieser Aufzeichnungen wurde den Situationen der Kirchen außerhalb Roms angepaßt, andere Aufzeichnungen geben nichtrömische Traditionen wieder.

Mit Hilfe dieser unterschiedlichen Bücher, welche die liturgischen Gebräuche zwischen dem 6. und 9. Jahrhundert beschreiben, haben die Historiker versucht zu rekonstruieren, wie man damals in Rom und in den Kirchen des Karolingerreichs den Gottesdienst feierte. Die Aufgabe ist schwierig und vieles bleibt ungewiß, denn diese Bücher mit ihren Formularen oder Verzeichnissen für Lesungen sind Sammlungen ohne „Gebrauchsanleitung“, sie enthalten nur wenige Hinweise zu ihrer tatsächlichen Verwendung, und die in den *Ordines* gesammelten Hinweise decken nur einen Teilbereich der Liturgie ab.

In den römischen Büchern waren Traditionen gesammelt worden, die in den Kirchen der Stadt Rom heimisch waren. Die Kirchen der von Pippin dem Kurzen und Karl dem Großen regierten Völker waren anders organisiert, denn sie befanden sich in eher ländlichen Gegenden. Doch in ihrem Eifer übertrugen einige Bischöfe Gebräuche aus der römischen Gemeindepastoral selbst dann auf ihre Kirche, wenn diese offenkundig unpassend waren. So führte der heilige Chrodegang (gest. 766) den Stationsgottesdienst in Metz ein. Eine andere Verirrung resultierte aus dem Umstand, daß in den liturgischen Sammlungen zuweilen mehrere Formeln oder Kulthandlungen nebeneinandergestellt worden waren, von denen aber jeweils nur eine in einer Feier Verwendung finden sollte; anstatt nun auszuwählen, rezitierte und vollzog man alles, was natürlich zu Wiederholungen führte. So sprach der Priester dem alten Missale gemäß bei der Aschensegnung zu Beginn der Fastenzeit unmittelbar hintereinander vier Gebete identischen Inhalts.

Im Laufe dieser Homogenisierungsbewegung wurden aus den römischen Liturgiebüchern, die anfangs Sammlungen zu praktische Zwecken waren, normative Bücher, deren Vorschriften sorgsam beachtet werden mußten. Die Liturgie wurde ein kodifizierter Kult, der sich nicht mehr von Belangen der Seelsorge inspirieren ließ.

Stabilisierung der Liturgie der römischen Kirche

Nachdem die römischen Bücher im Umlauf waren, amalgamierten die Kirchen des Karolingerreichs bestimmte eigene Traditionen mit solchen, die sie von der Kirche Roms übernommen hatten. So entstanden gemischte, römisch-fränkische Rituale, etwa bei den Ordinationen, in deren Zeremoniell Riten gallikanischen Ursprungs überlebt haben (einleitende Monitionen, Ankleidungsriten, Übergabe der jedem Amt korrespondierenden Geräte usw.).

Diese Rituale wurden später, zur Zeit der gregorianischen Reform (Gregor VII., 1073-1085) und unter dem Einfluß von Päpsten germanischer Herkunft, von der Kirche der Stadt Rom übernommen. Auf diese Weise hatte sich der Kreis geschlossen: Die aus Rom gesandten liturgischen Bücher, die die eigentümlichen Gebräuche dieser Stadt verbreiteten, kamen dorthin zurück und brachten Mischrituale mit, die in den fränkischen Kirchen entstanden waren. In der Folgezeit haben sich die Riten der römischen Kirche kaum noch weiterentwickelt: In ihren grundlegenden Formen waren sie jetzt stabil, eine Entwicklung gab es nur noch im Verständnis dieser Riten und in ihrer jeweiligen Umsetzung.

6. Stabilität, Traditionalismus und Restauration der römischen Liturgie vom 12. Jahrhundert bis zum II. Vatikanum

Auf die karolingische Renaissance folgte im 11. Jahrhundert erneut eine Zeit der Unruhen, doch ab dem 12. Jahrhundert gab es im Abendland endlich eine längere Ära der Stabilität, die eine Ausbreitung der städtischen Zivilisation ermöglichte, einen Aufschwung des Rechts, ein Aufblühen der Universitäten und Schulen (was insbesondere der Theologie zustatten kam), eine großartige Entwicklung der Künste (Romanik und Gotik) usw. Natürlich gab es nach dieser mittelalterlichen Epoche noch zahlreiche politische, soziale und kulturelle Umwälzungen, doch keine davon hat in den Riten wichtige Veränderungen bewirkt. Eher muß man sogar von einer langsamen Erstarrung in der Gestaltung gottesdienstlicher Feiern sprechen.

Im 11. Jahrhundert war die liturgische Einheit von Papst Gregor VII. (1073-1085) im Zuge der nach ihm benannten Reform zu einem ekklesiologischen Grundsatz erhoben worden, weshalb die Päpste von nun an eine liturgische Kompetenz für die Gesamtheit der Kirchen beanspruchten. Faktisch wurde unter liturgischer Einheit Homogenität verstanden. Dies ersieht man aus dem Kampf gegen Abweichungen, der darauf zielte, verdächtige lokale Gebräuche durch die römischen zu ersetzen, wie im Spanien des 11. Jahrhunderts. Die katholischen Reformen des 16. Jahrhunderts liefen auf ähnliche Lösungen hinaus.

So wollte das Konzil von Trient (1563-1614) jenen Mißständen im Verständnis und in der Feier der Messe abhelfen, die von den Reformatoren heftig kritisiert worden waren (vgl. weiter unten, S. 133). Doch die Entscheidungen, die das Konzil auf liturgischem Gebiet traf, änderten weder etwas am Zeremonienapparat noch am ausschließlichen Gebrauch der lateinischen Sprache, während die protestantischen Reformatoren die Eucharistiefeier grundlegend umgestaltet hatten und sich der lebenden Sprachen bedienten.

Wegen der Zentralisierung, des Traditionalismus und der Homogenisierung der Riten ist die Periode, die sich vom 12. Jahrhundert bis zum II. Vatikanischen Konzil erstreckt, für die Geschichte der wesentlichen liturgischen Einrichtungen nur von begrenztem Interesse. Untersucht man die Struktur der kirchlichen Feiern und ihre Entwicklung, entdeckt man in dieser Periode nur sekundäre Entwicklungen wie die Zunahme von Privatgebeten, die der Priester während der Messe spricht, das Einfügen von Kniebeugen, Bekreuzigungen, Umschreitungen des Altars usw. Diese Jahrhunderte sind eher für die Geschichte der Frömmigkeit, der Spiritualität oder der religiösen Empfindung von Interesse oder aber, im Bereich der Liturgie, für die der Riten einer Ortskirche oder eines Mönchsordens.

Erst mit dem II. Vatikanischen Konzil erschloß sich wieder die wahre Dimension der Liturgie als einer Verwirklichung des christlichen Mysteriums, erst hier entdeckte man wieder die ihr eigene Ausdruckskraft. Doch damit alle Früchte dieser Reform reifen, bedarf es bei vielen noch einer Einstellungsänderung, die sicherlich einige Zeit in Anspruch nehmen wird.

Die Klerikalisierung der liturgischen Versammlung

Weiter oben (S. 120) wurde auf die Bedeutung des Klerus in der karolingischen Renaissance hingewiesen. Ein Historiker konnte mit der ihm eigenen Neutralität über das abendländische Christentum des 8. Jahrhunderts schreiben:

> Nach dem Vorbild des Judentums schuf sich das Christentum eine Priesterklasse. Als unerläßliche Mittler zwischen den Gläubigen und Gott sind Priester und Bischöfe sehr viel mehr als bloß die Vorsteher gottesdienstlicher Feiern: sie allein spenden die Taufe und konsekrieren das Brot und den Wein des Opfers, in Gebäuden, die nur von ihnen geweiht und ihrer Bestimmung übergeben werden konnten.[1]

Zitieren wir hierzu sogleich die Klarstellung des II. Vatikanischen Konzils:

> (Alle) sollen überzeugt sein, daß die Kirche auf eine vorzügliche Weise dann sichtbar wird, wenn das ganze heilige Gottesvolk voll und tätig an denselben liturgischen Feiern, besonders an derselben Eucharistiefeier, teilnimmt: in der Einheit des Gebets und an dem einen Altar ...[2]

---

1 M. Aubrun, *La paroisse en France des origines au XVe siècle,* Paris: Picard, 1986, S. 11.

2 II. Vatikanum, *Konstitution über die Liturgie,* § 41, dt. in: *Über die Liturgie,* Trier: Paulinus Verlag, 1965, S. 67.

In den Texten des II. Vatikanischen Konzils ist von einer Priesterklasse nicht die Rede, aber neun Jahrhunderte zuvor zerfiel die Feudalgesellschaft ihrem Selbstverständnis nach in drei Ordnungen: „Die einen beten, die anderen kämpfen, die übrigen arbeiten." Dieser Vorstellung entsprechend fiel die Feier des Gottesdienstes dem Klerus zu, und deshalb wurde aus der liturgischen Versammlung eine Zusammenkunft von Geistlichen: In Rom selber wurde der Pontifikalgottesdienst aus der Lateranbasilika, die dem Volke offenstand, in die Papstkapelle verlagert, und diese Klerusliturgie galt als nachahmenswertes Modell.

Infolge dieser Beschränkung alles gottesdienstlichen Handelns auf die Geistlichen wurden jene Ämter, die geschaffen worden waren, um die Teilnahme des Volks zu sichern, überflüssig, und den Vorstellungen der Epoche gemäß ging das liturgische Amt völlig im Amt des Priesters auf. Die alten Dienste des Ostiariers, Lektors, Exorzisten oder Akolythen wurden im Gottesdienst nicht mehr ausgeübt. Aber dennoch verschwanden sie nicht völlig, sondern wurden zu bloßen Vorstufen auf dem Weg zum Diakonat oder Priesteramt. Man ging dazu über, rein formelle Ordinationen oder „Einsetzungen" vorzunehmen, die mit keinerlei Handeln im Dienst der Versammlung verbunden waren. Dieser Gebrauch hat sich erhalten und man setzt weiterhin feierlich Kandidaten als „Lektoren" ein, die diesen Dienst meist schon seit langem versehen. Die Aufgaben der alten Niederen Weihen wurden dem Dienstpersonal übertragen, dem Sakristan, dem Küster, dem Schweizer, der Stuhlanweiserin oder, in den Klöstern, den Konversenbrüdern.

In Kirchen mit vielen Geistlichen überdauerten die Funktionen des Diakons und Subdiakons, manchmal auch die des Akolythen (beschränkt auf die Rolle eines Meßdieners) und des Lektors. So in den Klöstern, Konventen und Stiftskirchen. Doch andernorts wurden den Priestern auch noch die rituellen Aufgaben des Diakons oder Subdiakons übertragen. Spuren davon haben sich lange in den Begräbnisgottesdiensten erhalten, die der Volksmund als „Messen mit drei Priestern" bezeichnete. Dabei handelte es sich freilich nicht um jene Konzelebrationen, die seit dem II. Vatikanum wieder auf breiterer Basis möglich sind, sondern um Messen, bei denen zwei der drei Priester die liturgischen Gewänder des Diakons und Subdiakons trugen.

Geistliche und Mönche begingen die täglichen Feiern: die Messe und die verschiedenen Stundengebete, die den Tag unterteilten (bis zu acht Offizien am Tag). Den Kanonikern der Stiftskirchen standen Laien zur Seite: Kantoren, Musiker, Küster usw. Für sie war der Gottesdienst „Beruf“ und sicherte ihren Lebensunterhalt. Das tägliche Offizium war eine so schwere Last, vor allem für die mit der Seelsorge betrauten Geistlichen, daß man einigen von ihnen, die aus anerkennenswerten Motiven nicht am Chorgebet teilnehmen konnten, im 13. Jahrhundert die Privatrezitation der Stundengebete erlaubte. Zu diesem Zweck wurden eigene Bücher geschaffen, die „Breviere“, in denen zum privaten Gebrauch der Stoff zusammengefaßt war, der sonst auf die großen Kollektivbücher der Mönchs- und Kanonikerchöre verteilt war.

Ab dem 16. Jahrhundert gingen neu gegründete Kongregationen sogar dazu über, das Chorgebet ganz abzuschaffen. So die 1540 approbierten Jesuiten:

> Die einzige Absicht, die (Ignatius von Loyola) verfolgte, als er für seine Ordensmitglieder die Verpflichtung ablehnte, täglich gemeinsam im Chor zu beten, war genau die, die ihn auch dazu bewegte, eine ständige Seelsorgertätigkeit abzulehnen: Beides hätte nämlich einen festen Aufenthaltsort erfordert und die Verpflichtung mit sich gebracht, sich zu einer bestimmten Zeit an einem bestimmten Ort einzufinden. Das aber hätte die Mobilität und Freiheit beschränkt, die sich Ignatius für die apostolischen Aufgaben wünschte, in denen er die Bestimmung seiner Ordensmitglieder erblickte.[3]

Am Ende des Mittelalters war aus der Liturgie ein Zeremoniell geworden. Zwischenzeitlich hatte das kanonische Recht eine Lehre ausgearbeitet, der zufolge die Kirche eine eigene Gesellschaft darstellte, was dazu führte, daß man diese Kirche unter einem neuen Blickwinkel wahrnahm. Während des ersten Jahrtausends dachte man bei dem Wort Kirche spontan an die liturgische Versammlung, denn nur sie macht die Kirche in ihrer fundamentalen Wirklichkeit sichtbar und wahrnehmbar, d. h. als Volk Gottes und Leib Christi. Doch ab dem 12. Jahrhundert verlagerte sich der Akzent von dieser Sichtbarkeit hin zur Kirche als Gesellschaft, mit ihrer Hierarchie (Papst, Bischöfe, Geistliche), ihren Ordnungen und Institutionen, ihrer Autorität über die weltliche Macht usw.

Von der Kirchenfeier zur Messe ohne Gemeinde (missa sine populo)

Um das 9. Jahrhundert wurde eine Praxis allgemein, die sich tiefgreifend auf das Verständnis der Liturgie und damit zusammen-

---

[3] R. Taft, *La liturgie des Heures ...*, Brepols 1991, S. 93.

hängende theologische Problematiken ausgewirkt hat, ich meine die früher Privatmesse genannte Messe ohne Gemeinde, die ein Priester für sich allein feiert. Die Riten der Messe blieben dabei zwar unverändert, aber sie wurden in einem Rahmen vollzogen, der kaum dem Geist der Liturgie entsprach: Die Eucharistie, Gipfel und Zentrum des Lebens der Kirche, wurde ohne sichtbare Kirchengemeinde gefeiert.

Dasselbe Meßformular, das für die große Feier mit Diakon, Subdiakon und Chor geschaffen worden war, hatte man einfach auf die Messe ohne Gemeinde übertragen, die nur mit Hilfe eines oder zweier Ministranten zelebriert wurde: Partien, die den Chorgesang oder die gemeinsame Antwort der Versammlung voraussetzten, wurden teils vom Priester, teils von seinem Ministranten rezitiert, manchmal sprach sie der Priester aber auch ganz allein.

Die Historiker haben versucht, den Ursprung der Messe ohne Gemeinde aufzuklären und mehrere Hypothesen vorgebracht. Der überzeugendsten Erklärung zufolge geht diese Praxis darauf zurück, daß ab dem 8. Jahrhundert in römischen Basiliken immer häufiger Messen über den Gräbern und Reliquien der Heiligen gefeiert wurden[4], ein Modell, dem Mönchspriester in den Klöstern auf fränkischem Boden nachgeeifert haben. Doch auch andere Gebräuche haben zur Verbreitung dieser Praxis beigetragen: Zum einen ist hier an die Tarifbuße zu denken, denn das System der Bußumwandlungen erlaubte es, Fastentage durch Meßfeiern zu ersetzen (vgl. oben, S. 112). Zum anderen wurden um des ewigen Heils ihrer Seelen wegen immer mehr Messen für die Toten gefeiert. Die Praxis der Messe ohne Gemeinde erlaubte es nun aber, mit einem Minimum an Personal die Zelebrationen zu vervielfältigen. Um die starke Nachfrage zu befriedigen, wurden immer mehr Priesterweihen vorgenommen, vor allem in den Klöstern, obwohl das kontemplative Leben an sich die Ordination nicht voraussetzt. Ebenso verhielt es sich bei den neuen Orden des Mittelalters: Unter den Bettelmönchen (Franziskanern, Dominikanern usw.) waren die Priester bald in der Mehrzahl.

Auch unter den Gemeindegeistlichen stieg die Zahl der Priester. Für einige Diözesen und Städte gelang es, die ungefähren Zahlen am Ende des Mittelalters zu schätzen:

---

4 A. A. Häußling, *Mönchskonvent und Eucharistiefeier, eine Studie über die Messe in der abendländischen Klosterliturgie des frühen Mittelalters und zur Geschichte der Meßhäufigkeit,* LQF 58, Münster 1973.

In der Diözese Genf, in der damals 140 000 Einwohner lebten, zählte man 1400 Geistliche, Priester und sonstige, die also ein Hundertstel der Bevölkerung ausmachten. In der Stadt Genf allein kamen auf die dortigen 10 000 Einwohner 20 Priester, die übrigen, ungefähr 500, verteilten sich auf die Landgemeinden, wobei auf einen Pfarrer jeweils ein oder zwei Vikare kamen. Anders gesagt, jeder Priester hatte etwa 50 Familien zu betreuen, also ungefähr 250 Personen. In England war damals sogar jeder fünfzigste Einwohner Priester.[5]

Indem der bei der Feier abwesende Spender zur Ableistung seiner Buße oder für Verstorbene Messen ohne Gemeinde lesen ließ, betrachtete er den Priester als seinen Vertreter. Das römische Hochgebet (Canon Missae, heutiges Hochgebet I) zeigt noch Spuren dieser eigentümlichen Mentalität. In der ursprünglichen Form war das Gedächtnis der Lebenden (Memento Domine) wie folgt formuliert: „Gedenke Deiner Knechte und Mägde und aller, die hier sind ..., die Dir dieses Opfer des Lobes darbringen ...“ Ein bedeutsamer Zusatz hat den Text verändert: „Gedenke Deiner Knechte und Mägde ... Wir oder sie bringen Dir das Opfer des Lobes dar ...“ Hier handelt der Priester im Namen der Gläubigen und nicht mehr gemeinsam mit ihnen, denn sie sind abwesend und haben ihn durch ein Meßstipendium zu ihrem Vertreter gemacht.

Mit der Praxis der Messe ohne Gemeinde ging eine Einfügung zahlreicher persönlicher Gebete des Priesters einher, die man „Apologien“ nennt: Der Zelebrant bekennt darin seine Unwürdigkeit und bittet die göttliche Barmherzigkeit um Verzeihung. Hinzu kamen weitere Formeln, die sämtliche Gesten begleiteten: vom Anlegen der Priestergewänder über die Gabenbereitung bis zum Schreiten an den Altar usw. Die Liturgiereform des Trienter Konzils hat nur eine begrenzte Zahl dieser Formeln bewahrt, von denen einige noch im aktuellen Missale zu finden sind (Gebet des Diakons oder des Priesters vor dem Evangelium, stille Anrufung vor der Kommunion).

Die Art, wie die Messe ohne Gemeinde gefeiert wurde, hat auch die öffentliche Feier beeinflußt, denn im 12. Jahrhundert kommt eine Praxis auf, die dem Geist der Liturgie von Grund auf fremd ist: Obwohl der Chor die Lieder singt und obwohl Diakon und Subdiakon die Lesungen vortragen, rezitiert der Priester gleichzeitig die entsprechenden Texte mit leiser Stimme für sich.

---

[5] M. Aubrun, *La paroisse en France des origines au XVe siècle,* a.a.O., S. 159.

Die Praxis der Messe ohne Gemeinde leistete dem Wildwuchs Vorschub. So ließ man etwa für einen Verstorbenen Tausende von Messen lesen, und den Priestern mußte man verbieten, mehr als dreißig Messen am Tag zu feiern. Um die starke Nachfrage zu befriedigen, verfielen die Priester auf das Mittel der sogenannten *Missa bifaciata* oder *trifaciata:* sie wiederholten zwei oder drei Mal den ersten Teil der Messe, bis zur Präfation, sprachen dann nur einmal den Kanon (das Hochgebet), strichen aber zwei oder drei Honorare ein. Die Reformatoren des 16. Jahrhunderts haben diese Mißstände heftig kritisiert und das Konzil von Trient ergriff Maßnahmen, um ihnen ein Ende zu setzten.

Das Missale Pius' V.

Papst Pius V. hat die Beschlüsse des Trienter Konzils in die Praxis umgesetzt, indem er 1570 das *Missale Romanum* veröffentlichte. Es handelte sich allerdings nicht um ein neues Zeremoniell, sondern um die Restauration alter Traditionen:

> Die Arbeit der Kommission war keineswegs von großem Reformwillen und Sachverstand geprägt, wie dies die Bulle Papst Pius' V. suggeriert, in der das Missale empfohlen wird ... Tatsächlich war das nach Pius V. benannte Missale – sicherlich auch, weil schnell gehandelt werden mußte – nur eine leicht korrigiert Neuauflage des Meßbuchs der römischen Kurie von 1472 *(Missale Curiae).* Ein „Missale Pius' V.", wie es oft genannt wird, war es also nur insofern, als dieser Papst es feierlich veröffentlichte, doch es existierte bereits ein Jahrhundert zuvor ... In der gesamten Kirche wurde der Gebrauch dieses Meßbuchs für verbindlich erklärt. Allerdings durften Diözesen und Mönchsorden, die seit wenigstens zwei Jahrhunderten eine eigene Liturgie feierten, dies auch weiterhin tun ... Vor allem für die kleineren Diözesen war es freilich praktisch, die Reform zu akzeptieren. Dennoch hielten zum Beispiel die Dominikaner sowie die Bistümer Mailand und Lyon auch weiterhin, dem Universalitätsanspruch des Missale zum Trotz, an ihrer überkommenen Liturgie fest, und das mit dem vollen Einverständnis der obersten Kirchengewalt.[6]

Die Kurie, also die päpstliche Verwaltung, war bereits im 14. Jahrhundert, als Avignon der Sitz des Papsttums war, ein einflußreiches Kollegium von Klerikern geworden. Sie hatte ihre eigenen li-

---

6 A. Nocent, *La messe avant et après saint Pie V,* Paris: Beauchesne, 1977, S. 44 f.

turgischen Bücher zusammengestellt, die wegen des hohen Ansehens der römischen Autorität bei den Ortskirchen und Mönchsorden als Vorbilder galten und sogar, wie das Missale, zu normativen Büchern wurden, verbindlich für das, was man damals die „universale Kirche“ nannte und wobei es sich faktisch um alle Diözesen der lateinischen Kirche handelte, in Absetzung von den Ostkirchen.

Die liturgischen Reformen des Trienter Konzils und das Missale Pius' V. haben gewiß die Praxis des christlichen Gottesdienstes verbessert, sie haben aber nicht jene tätige Teilnahme des christlichen Volks an der Liturgie ermöglicht, die das II. Vatikanum vier Jahrhunderte später gefordert hat. Im 17. und 18. Jahrhundert gab es zwar verschiedene lokale Reformansätze, doch sie blieben folgenlos.

Fügen wir hier eine Anmerkung zum Platz des Zelebranten am Altar hinzu. Die Praxis der „Zelebration zum Volke hin“, für die man sich während des II. Vatikanischen Konzils einsetzte, war eine Reaktion gegen die häufigste Form der Messe, bei der ein Priester am Altar zelebrierte, der bei den Lesungen und Gebeten der Versammlung den Rücken zuwandte. Die Messe „zum Volke hin“ sollte wieder einen echten Dialog ermöglichen. Doch es war damals noch nicht hinlänglich bekannt, daß dieser Dialog im Altertum auf zahlreiche Weisen verwirklicht wurde, daß die Ostung der gesamten Versammlung (vgl. oben, S. 79) die Gläubigen nicht an der Teilnahme hinderte, daß die Lesungen durchaus „zum Volke hin“ vorgetragen wurden und daß mehrere Amtsträger, vor allem der Diakon, damit befaßt waren, der Versammlung die innere Einheit zu verleihen.

Von der Feier zur Spendung der Sakramente

Man schrieb der Liturgie zwei Aufgaben zu: Gott den Dienst zu erweisen, der ihm gebührt, und die Heiligung der Christen zu bewerkstelligen. Diese beiden Aufgaben aber sind untrennbar verbunden durch die geheimnisvolle Präsenz Christi in seiner Kirche, wie sie sich in der liturgischen Feier manifestiert: Jesus führt uns durch seinen Geist zum Lob des Vaters, und die Anwesenheit des Geistes im Leib der Kirche ist eben die Quelle der Heiligkeit. Ab dem Mittelalter allerdings wurden beide Aufgaben deutlich voneinander getrennt, um die damals üblichen Praktiken zu erklären:

Der Klerus erwies Gott den schuldigen Dienst, was er ohne das Volk tun konnte, und durch Riten, insbesondere die Sakramente, sorgte er für die Heiligung der Gläubigen. Der Kult wurde dergestalt für Gott zelebriert und, in einem gewissen Maße, zu Nutz und Frommen der Christen. Im Vokabular spiegelt sich diese Entwicklung wider: Man dachte weniger daran, die Sakramente mit den Gläubigen zu „feiern", sondern „spendete" sie ihnen.

Das vierte Laterankonzil schrieb 1215 vor, daß jeder wenigstens einmal im Jahr beichten und wenigstens zu Ostern an der Kommunion teilnehmen mußte, denn die Masse der Christen hielt sich damals vom heiligen Tisch fern. Historiker haben beredte Zeugnisse zu diesem Thema gesammelt. In der Kirche St. Georg in Hagenau (Elsaß) etwa kommunizierten die Gläubigen 1462 ungefähr 2300 mal, während man im selben Zeitraum 3000 große Hostien für die Priester kaufen mußte, die die Messen lasen.[7]

Als Ersatz für die immer seltenere Kommunion kamen andere Formen der Teilnahme an der Eucharistie auf, insbesondere die Beschauung. Um den „Wunsch, die Hostie zu sehen", zu erfüllen, tat man alles nur Erdenkliche, was aber auch Gefahren in sich barg, wie die Debatten der damaligen Theologen über den Augenblick der Konsekration zeigen:

In dem Moment, wo der Priester sich anschickt, die Konsekrationsworte über die Hostie zu sprechen, die bislang nur Brot ist, hebt er ... diese leicht vor seine Brust. In der zweiten Hälfte des 12. Jahrhunderts beginnt diese Gebärde ausgreifender zu werden. Die noch nicht konsekrierte Hostie wird immer höher gehoben, damit sie vom ganzen Volk gesehen werden kann, das sich in Verehrung des Leibes Christi hinter dem Priester drängt. Bald wird deutlich, daß hierbei die Gefahr droht, daß die Gläubigen die schlimmste aller Sünden begehen, den Götzendienst: In der Tat ist die Gefahr groß, daß sie etwas verehren, was bislang nicht mehr ist als Brot. Man muß diese Gebärde also verbieten und darf die feierliche Elevation der Hostie nur erlauben, nachdem sie geweiht worden ist. Doch wann findet die Konsekration statt? (Es folgt eine Darstellung der unterschiedlichen Antworten zeitgenössischer Theologen.)[8]

Jahrhundertelang bestand die elementare Gemeindepastoral darin, die Gläubigen davon zu überzeugen, daß sie regelmäßig beichten

---

[7] Die Zahlen wurden veröffentlicht von F. Rapp, *Histoire du diocèse de Strasbourg*, Paris: Beauchesne, 1982, S. 71 und 73.

[8] J. Cl. Schmitt, *La raison des gestes dans l'Occident médiéval,* Paris: Gallimard, 1990, S. 346.

und kommunizieren müßten. Das Trienter Konzil hat nichts anderes gesagt. Doch in diesem Rahmen werden die Sakramente unter einem individuellen Gesichtspunkt als „Mittel" betrachtet, um „die Gnade mitzuteilen", während die ekklesiale Dimension schweigend übergangen wird. Die Kommunion wird sogar von der Eucharistiefeier abgetrennt und außerhalb der Messe ausgeteilt. Zwei Tatsachen veranschaulichen gut die Einstellung, die sich im Gefolge dieser Praktiken verbreitet hat: So spricht der heilige Ignatius in seinen *Übungen* anläßlich der Messe nur von der Kommunion, nicht jedoch von der Eucharistiefeier. Andererseits wurden bei der feierlichen Verkündigung gewisser Nachlässe in Rom zwar die Bedingungen ihrer Erlangung genannt, nämlich Beichte und Kommunion, die Eucharistiefeier aber wurde nicht erwähnt.

Durch das Spenden der Sakramente gaben die Priester dem christlichen Leben der Gläubigen einen Rahmen: Taufe, Beichte (Rekonziliation) und Kommunion fallen darunter, aber auch Eheschließung und Krankensalbung, die in den ersten Jahrhunderten im Familienkreis erfolgen konnten. In Reaktion auf ein Klima der Gewalt und sozialen Anarchie entwickelten die Westkirchen eine Form der Eheschließung, die eine größere Achtung der Personen garantierte. Die Priester fragten zunächst nach dem Ehewillen, und die Trauung wurde öffentlich gefeiert, um sowohl die aus freien Stücken erfolgende Zustimmung der Frau sicherzustellen wie auch den Empfang des Brautsegens.

Bei dieser Trauungszeremonie übernahm der Priester mehrere Aufgaben: er leitete die Feier und spendete den Segen, doch er fungierte auch als Jurist, um die Rechtsgültigkeit festzustellen, und als „Ehestifter", denn er übergab die Braut dem Bräutigam, was Theologen dazu bewog, ihn als den Spender des Ehesakraments zu betrachten. In der Folge wurde die Funktion des „Ehestifters" eingeschränkt und die Rolle der Brautleute, deren gegenseitiges Jawort an Bedeutung gewann, stärker betont. Zahlreiche lokale Trauungsriten hatten sich herausgebildet, aber trotz der Empfehlung des Konzils, diesen Reichtum zu erhalten, blieben nach den tridentinischen Reformen nur wenige davon übrig.

Auch für die Krankensalbung entwickelte man strengere Vorschriften. Während es den Gläubigen früher möglich war, selbst Gebrauch vom geweihten Öl zu machen (vgl. weiter oben, S. 112), wurde die Spendung der Salbungen ab dem 10. und 11. Jahrhundert unter Bezug auf Hinweise im Jakubusbrief 5,14 den Priestern vorbehalten und eigene Rituale für diese Feier geschaffen.

Zwar wurde bei Trauungen der Dialog, in dem die Brautleute sich ihr Jawort gaben, in der Volkssprache geführt, doch im übrigen geschah die Spendung der Sakramente vollständig auf lateinisch. Und weil die Empfänger (außer einigen gebildeten Gläubigen) demzufolge ohnehin nichts verstanden, unternahm man keine Anstrengung, die Riten den neuen Gegebenheiten anzupassen: Für die Taufe unmündiger Kinder übernahm man fast unmodifiziert den Ritus des Erwachsenenkatechumenats.

Die Begräbnisriten

Das liturgische Substrat der Begräbnisriten war relativ schlicht: es umfaßte Meßformulare und den aus der Stundenliturgie stammenden Psalmengesang mit Antiphonen (Kehrversen). Die Entwicklung bei den Begräbnisriten bestand vor allem darin, daß man wiederholt Messen für den Verstorbenen feiern ließ und mehr äußeren Aufwand betrieb: es gab jetzt Trauerbehänge, Katafalke, Ministranten, musikalische Darbietungen mit Chor und Orchester usw. Die liturgischen Texte stammten aus alten römischen Büchern, für deren Verbreitung die karolingische Reform gesorgt hatte; im 13. Jahrhundert führte man in der Totenmesse vor der Schriftlesung eine längere Lieddichtung ein, das *Dies irae,* das besonders die Musiker zu neuen Schöpfungen inspirierte.

Der Kalender und die Feste

Im Lauf der Jahrhunderte wurden immer mehr Heiligenfeste in den Jahreskalender aufgenommen. Die Marienfeste waren bereits in den römischen Büchern vorhanden: Verkündigung (25. März), Geburt (8. September), Darstellung im Tempel (21. November), Entschlafung (Aufnahme in den Himmel, 15. August). Doch unter dem Einfluß der Marienverehrung des Mittelalters bekamen auch Feste des christologischen Zyklus eine marianische Färbung, wie die Darstellung des Herrn, aus der Mariä Lichtmeß wurde. Im Lauf der Jahrhunderte wurde der Marienzyklus noch umfangreicher durch Feste, die mit historischen Ereignissen verbunden sind: so gibt es etwa seit 1571 das Rosenkranzfest (7. Oktober), zum Gedenken an den Sieg über die Türken bei Lepanto, und am 11. Februar wird der Erscheinungen in Lourdes gedacht. Daneben entstanden Feste zu bestimmten Themen: Unbeflecktes Herz Mariä, Gedächtnis der Schmerzen Mariens, Mariä Namen.

Auch der Heiligenkalender, das Sanctorale, hat sich ständig weiterentwickelt, denn da unablässig neue Heilige anerkannt oder Reliquien überführt worden sind, vermehrte sich die Zahl der Feste und anderer Jahrestage. Die Ritenkongregation hat mehrmals versucht, dem Übermaß durch Reduzierungen Herr zu werden. So zuletzt in einem Beschluß des II. Vatikanischen Konzils, der vor allem die überragende Bedeutung der Sonntagsfeier wieder ins Licht rückte, die früher allzuoft von den Heiligenfesten verdrängt worden war.

Die Ausbreitung der Andachten

Schon im Mittelalter war der „Gottesdienst" zu einem Komplex von Kulthandlungen geworden, die man aus Sorge um die sakramentale Gültigkeit und Wirksamkeit sehr gewissenhaft vollzog. Danach haben die Fortschritte im Buchdruck und die Zentralisierungsbestrebungen der römischen Kongregationen diesen liturgischen Traditionalismus noch verstärkt, denn nun konnte man offizielle Bücher verbreiten und die Riten vereinheitlichen. Folglich gab es keinen Platz mehr für eine pastorale Erneuerung. Diese war aber um so nötiger, als die Liturgie aus sprachlichen Gründen dem christlichen Volk hermetisch verschlossen blieb. So kam es, daß die Volksfrömmigkeit vor allem am Rand des offiziellen Gottesdienstes ihren Ausdruck fand, in den sogenannten „Andachten", die so zahlreich und unterschiedlich waren, daß die Geschichte der abendländischen Frömmigkeit vom Mittelalter bis heute sehr viel inhaltsreicher ist als die der Liturgie im selben Zeitraum. Auf diese Ausbreitung der Andachten sei kurz eingegangen, um sie im Verhältnis zur Liturgie zu situieren.

In den Gemeinden und den der Seelsorge dienenden Ordenskirchen haben diese Andachten das gesamte Feld der persönlichen Frömmigkeit besetzt und sich sogar auf die sakramentalen Praktiken ausgewirkt. Hier eine knappe Schilderung, die sich auf die Christusandacht bezieht:

Am Ende des Mittelalters findet das religiöse Leben gewissermaßen auf zwei deutlich unterschiedenen Ebenen statt. Die Massen, vor allem auf dem Land, praktizieren im wesentlichen eine nach außen sichtbare Religion. Die Prozessionen, die Wallfahrten und die Reliquienverehrung nehmen dort einen mindestens ebensogroßen Platz ein wie das Gebet und die Sakramente, deren Vollzug man nur unregelmäßig beiwohnt ... In den großen Städten und im Einzugsbereich der Klöster hingegen pflegt eine weniger zahlreiche Schar von Christen, Laien und Geistliche, hingegen eine mehr innerliche und persönliche Frömmigkeit ... Vom Christen wird nicht verlangt, daß er weiß und redet, sondern daß er sieht, schaut, meditiert und auf diese Weise mitleidet *(compassio)*. Der ursprüngliche Gegenstand der Meditation ist der leidende Christus ...[9]

Weisen wir wenigstens auf zwei der Notwendigkeiten hin, auf die die Entwicklung der Andachten reagiert hat. Da ist zunächst das Bedürfnis nach einer bewußten religiösen Ausdrucksform. Das christliche Gebet muß ein Dialog sein, der von den Gläubigen persönlich geführt wird: Eine Grundtendenz der gesamten Bibel verlangt, daß man auf magische Formeln verzichtet und sich im Gebet ausschließlich einer verständlichen, bewußten und verantwortlichen Ausdrucksweise befleißigt (vgl. Mt 6,7). Doch wegen ihrer Beschränkung auf die lateinische Sprache ermöglichte es die Liturgie im Westen den Laien nicht, sich im Gebet bewußt zu äußern, sie mußten Worte sprechen, die sie nicht verstanden. Die Andachten dagegen boten ihnen ein Gebet in ihrer eigenen Sprache. Die zweite Notwendigkeit: Bei frommen Gläubigen tendiert das Gebet dazu, sich über einen längeren Zeitraum zu erstrecken und möglichst viel Platz im Feld ihres Handelns einzunehmen. Die Andachten aber boten hierfür die geeigneten Pratiken: Gebete und Übungen für die verschiedenen Tagesstunden und Beschäftigungen.

Gemäß dem Willen Christi jedoch, der die liturgischen Einrichtungen begründet hat, kommt es in erster Linie der gottesdienstlichen Versammlung zu, auf diese beiden Notwendigkeiten zu reagieren. Und in der Tat bot die Liturgie in den ersten Jahrhunderten im Abendland, als das Volk noch Latein verstand, alle Voraussetzungen für ein dialoghaftes Gebet und eine persönliche Beziehung zu Gott. Überdies hatten die christlichen Gemeinden, wie weiter oben dargelegt, vom Judentum Gebetstraditionen geerbt, die mit täglichen Synaxen einhergingen und die Zeit rhythmisierten. Im Mönchstum führte diese Ausweitung der Liturgie sogar dazu, daß das Stundengebet um weitere Offizien ergänzt wurde, wenn die Mönche dem Gebet mehr Zeit widmen wollten. Man konnte also

[9] P. Denis, *Le Christ étendard. L'Homme-Dieu au temps des réformes (1500-1565)*, Paris: Le cerf, 1987, S. 16 f.

in der Liturgie durchaus hinreichende Antworten auf die Erfordernisse des Gebets finden.

Die Ausbreitung der Andachten hatte eine Entwicklung von Meditationsformen zur Folge, und es enstanden methodische Übungen, in denen man Verstand und Einbildungskraft auf ein bestimmtes Mysterium richtete, insbesondere auf die Passion des Herrn. In den ersten Jahrhunderten hatte noch die Liturgie selbst genügend Möglichkeiten hierzu geboten, und später trat ergänzend der Bilderschmuck in den Kirchen hinzu. Doch diese schöne Ausgewogenheit wurde zerstört, als man die Lesungen in der Messe einschränkte und sie zudem in einer dem Volk unverständlich gewordenen Gelehrtensprache vortrug. Es hätte genügt, der Verkündigung des Gotteswortes ihren angstammten Platz in der Liturgie zurückzugeben und ihren Geist zu respektieren. Aber seit dem 11. Jahrhundert dachte man nicht mehr daran, da die zuständigen Kirchenbehörden den Gebrauch lebender Sprachen nicht erlaubten. Man mußte bis zum II. Vatikanischen Konzil warten, ehe entsprechenden pastoralen Initiativen endlich Erfolg beschieden war.

Einige Andachten, die ursprünglich für die Gläubigen bestimmt waren, traten unmittelbar an die Stelle liturgischer Einrichtungen, die faktisch den Geistlichen vorbehalten waren: Im täglichen Gebet markierte der Angelus die drei Momente des Tages, Morgen, Mittag und Abend, und der Rosenkranz ersetzte die großen Offizien des Stundengebets. Die Anzahl der Ave-Marias im Rosenkranz (einhunderfünfzig) ging zwar auf die Zahl der Psalmen zurück, aber dennoch stellt man ein gewisses Ungleichgewicht fest, weil die allzusehr im Affektiven wurzelnde Marienfrömmigkeit hier, wie auch sonst zuweilen, exzessive Züge angenommen hat und die an Maria gerichteten Formeln die Gebete verdrängt haben, die an Gott selbst gerichtet sind: Und doch hatte die *Didache* verlangt, dreimal täglich das Vaterunser zu beten, während im Rosenkranz am Ende der Entwicklung ein krasses Mißverhältnis herrscht, da auf jeweils zehn Ave-Marias nur ein Vaterunser kommt.

Die Andachten dürfen die Liturgie weder ersetzen noch mit ihr vermengt werden. Das stand in der Vergangenheit auch nie zur Debatte, denn die Andachten setzten zumindest den „Sakramentenempfang“ voraus und waren den Gläubigen vorbehalten. Ihrem Ursprung, ihrer Struktur und ihren Ausdrucksformen nach unterscheiden sich die Andachten grundsätzlich von der Liturgie. Während letztere die aktuelle, vom Hohenpriester Christus in seiner Kirche geleitete Feier des Mysteriums des Bundes ist, sind die Andachten persönliche Gebete, und selbst wenn sie gemeinschaftlich gesprochen werden, handelt es sich doch immer nur um ein Nebeneinander individueller Akte.

Der Erfolg der Andachten ist insofern bedauerlich, als sie sich des Felds des katholischen Bewußtseins in einem Maße bemächtigt haben, daß die Liturgie darunter Schaden gelitten hat. Selbst wenn letztere formal auch weiterhin gefeiert wurde, hatte man den Sinn für sie so sehr verloren, daß man sie bloß noch als „die soziale Form der Religiosität" begriff: und weil religiös sein heißt, Gott den schuldigen Dienst zu erweisen, war man der Ansicht, daß dies ebensogut privat wie kollektiv geschehen könnte. Sogar in Büchern des Glaubens, die erst in jüngerer Zeit erschienen sind, findet man noch Spuren dieser verfehlten Verschiebung der Gewichte: Von den Sakramenten wird gesprochen, nicht aber von der Liturgie. Nur im *Katechismus der Katholischen Kirche* (1992) hat man auf diesem Gebiet zu einem gewissen Gleichgewicht gefunden, denn vor der Darstellung der Sakramente gibt es ein einführendes Kapitel über die Liturgie (§§ 1066-1206).

Daß das II. Vatikanum Wert darauf gelegt hat, daß in der Ausbildung der Geistlichen auch die Liturgie wieder zu ihrem Recht kommt, heißt natürlich, daß es mit dem Liturgieunterricht zuvor im argen lag. Da andererseits viele Prälaten, die heute noch im Amt sind, ihre Studien vor dieser Reform abgeschlossen haben, fragt es sich, ob es ihnen möglich gewesen ist, ihren Ausbildungsgang selbstkritisch zu überdenken und gemäß den Konzilsrichtlinien auf ein Gleichgewicht zwischen Andachten und Liturgie hinzuarbeiten.

Die Anlage und Einrichtung der Kirchen

Die Anlage der Kirchen seit der Zeit der Gotik macht deutlich, daß die lateinische Liturgie immer mehr zu einer Angelegenheit des Klerus geworden ist und daß die Andachten eine immer größere Rolle spielten. Man ersieht dies bereits aus der stark zunehmenden Zahl von Kirchen und Kapellen, dann aber auch aus dem Grundriß der Gebäude, die dem Chorgebet der Kanoniker, Mönche und Ordensleute vorbehalten waren. In vielen Städten gibt es noch immer, nicht weit voneinander entfernt, Kirchen, die einst für Kanoniker (Stiftskirchen), Dominikaner, Rekollekten, Franziskaner, Karmeliter usw. gebaut worden sind. Der Chor ist dort erkennbar länger geworden, entsprechend der Zahl der zugeteilten Geistlichen, Mönche oder Ordensleute, für deren Bezahlung oder Unterhalt die frommen Gläubigen aufkamen. In diesem dem Klerus vorbehaltenen Raum befand sich das gesamte Mobiliar für die Feiern: der Altar, Sitze für die Amtsträger, das Chorgestühl, Pulte für die Lesungen, Seitentische für die liturgischen Geräte (Kredenzen).

Im 12. Jahrhundert hat man den Chor sogar durch einen Lettner vom Gläubigenschiff getrennt: Hierbei handelte es sich um eine architektonische Weiterentwicklung der Ambonen und Pulte, die den Lesungen und Predigten dienten, wie man es in Paris heute noch in der Kirche Saint-Étienne-du-Mont sehen kann. In den meisten Fällen erhielten die Lettner die Form von Arkaden, mitunter waren es aber auch undurchlässige Wände, so daß man nur durch eine Tür in den Chor gelangte (Kathedrale von Albi). Für die Gläubigen im Hauptschiff wurde ein Altar vor dem Lettner aufgestellt. Dergestalt wurden zwei Gottesdienste nebeneinander gefeiert, einer für die Geistlichen im Chor und einer für das Volk im Hauptschiff.

Die Zunahme der Privatmessen führte dazu, daß man in den Seitenkapellen und den Apsidiolen Nebenaltäre aufstellte. Die Altäre wurden mit prächtigen Retabeln ausgestattet, die ursprünglich an die Mysterien Christi erinnern und so die Frömmigkeit des Zelebranten stärken sollten. Doch später wurde daraus ein privilegierter Ort der Heiligenverehrung, so sehr, daß für eine Kanonisierung der Ausdruck entstand: jemanden auf die Altäre heben, womit gemeint war, daß eine Statue von ihm auf einem Altar stehen wird.

Im Gefolge der theologischen Eucharistiedebatten enstand ein eigenes Mobiliar für die Aufbewahrung der Eucharistie: Erst waren es Nischen oder Wandschränke in den Mauern des Chors, dann reich verzierte Sakramentshäuschen. Nach der tridentinischen Reform wurde das Gehäuse zur Aufbewahrung der Eucharistie, der Tabernakel, auf dem Hauptaltar aufgestellt, außer in den Kathedralen, wo die alte Tradition weiterlebte und die Eucharistie in einer Nebenkapelle aufbewahrt wurde.

Unter dem Einfluß mittelalterlicher Reformbewegungen, wie sie vor allem von den Predigerorden ausgingen, die sich der christlichen Belehrung des Volkes widmeten, brachte man im Hauptschiff der Kirche Kanzeln an. Aus der Kanzelverkündigung entwickelte sich ein außerhalb des Chores stattfindender Gottesdienst ohne Eucharistiefeier, zu dem neben einer Anrufung des Heiligen Geistes die Predigt und die Litanei gehörten (eine Struktur, die sich zum Beispiel in der alten Form der Fastenpredigten erhalten hat).

Durch die Aufspaltung in Kleriker- und Gemeindeliturgie vermehrten sich die Gottesdienste und Andachten, was wiederum dazu führte, daß es in ein und derselben Kirche eine Vielzahl von Zelebrationsstätten gab: Chor, Kapellen, Nebenaltäre. Mehrere Gottesdienste konnten gleichzeitig stattfinden, und um die innere Sammlung war es in diesen Kirchen am Ende des Mittelalters nicht zum besten bestellt: Man stand auf, wann man wollte, man plauderte, und die Hunde durften nach Lust und Laune herumtollen. Im Lauf der Jahrhunderte gab es daher stets aufs neue Reformbewegungen, die bestrebt waren, wieder Ruhe und Schweigen in die Gotteshäuser einziehen zu lassen.

Ab dem Mittelalter begann man im Abendland, die Kirchen auch mit Statuen zu schmücken. Zuvor beschränkte sich der Bildschmuck auf Mosaiken, Fresken und Reliefs (römische Sarkophage, romanische Kapitelle und Tympana). Doch ab dem 9. Jahrhundert wurden Reliquien in Statuen gezeigt (sogenannte Reliquienglieder), und allmählich wurde die Statue, ob mit oder ohne Reliquie, zum Gegenstand der Verehrung.

Die Zahl der Bildwerke in den Kirchen stieg rasch, wozu insbesondere auch die Heiligenverehrung beitrug. Von kollektiven Darstellungen wie skulptierten Gruppen der Verkündigung, der Nativität, der Grablegung usw. ging man später zu individuellen Bildhauerarbeiten über, wo jeder Heilige seine Statue bekam, auf seinem Altar oder an den Wänden und Pfeilern des Gebäudes. Welche Aufgaben erfüllten diese Statuen? Die skulptierten Gruppen, die biblische Mysterien darstellten, könnte man als Glaubensbekenntnisse auffassen, die Einzelaspekte des Heils verdeutlichen. Was aber sollte in den diversen Heiligenstatuen Ausdruck finden? In der Barockkunst gab es zumindest eine üppige Fülle, Zeichen der Lebensfreude und eines gewissen „Triumphalismus“, in dem sich der Sieg der katholischen Wahrheit spiegelte. Doch ab dem 19. Jahrhundert bis zum II. Vatikanum lebte die Bildhauerei nur noch kümmerlich in der „Saint-Sulpice“-Kunst dahin (so genannt, weil sie in Paris in Läden im Umkreis dieser Kirche zu finden war): in Serie hergestellte Skulpturen, oft aus billigem Material (Gips), in einem konventionellen und akademischen Stil ausgeführt und bar jeden Ausdrucks.

All diese Verflachungserscheinungen im Bildschmuck der Kirchen erklären sich letztlich daraus, daß wegen der exzessiven Ausbreitung der Andachten der Sinn für die Liturgie verlorengegangen ist. Die hierhergehörigen Beschlüsse des II. Vatikanischen Konzils drücken also dringend notwendige Reformen aus, Reformen, die von Erneuerungsbewegungen vorbereitet wurden, die gegen sinnwidrige Praktiken im christlichen Gottesdienst aufbegehrt und neue Rahmenbedingungen gefordert hatten.

Schlußwort

Was das christliche Mysterium von allen anderen religiösen Einrichtungen unterscheidet, ist, daß sich die Christen jeden Sonntag auf den Ruf des auferstandenen Christus hin versammeln. Diese Zusammenkünfte sind lokale Manifestationen des Gottesvolks, in ihnen wird der Bund gelebt: Die Gemeinden vernehmen das Wort Gottes, folgen Christus in der ewigen Hingabe seiner Liebe an den Vater und kommunizieren mit dem Geist Gottes, der sie hernach als Zeugen der Auferstehung in die Welt sendet. Von daher ist die auf der sonntäglichen Eucharistie beruhende Liturgie das Zentrum, der Gipfel und die Quelle allen Lebens der Kirchen.

Doch auch wenn der Neue Bund ewig ist, sind die liturgischen Versammlungen geprägt von der Zeit, denn nur in der Welt und für die Welt entfaltet sich das Wirken der Kirchen. Die historischen Veränderungen indes, zu denen es so in der Entwicklung der Feiern kam, lassen sich unter zweierlei Blickwinkel betrachten: unter dem des Glaubens und unter dem der Seelsorge.

Gemäß dem Geist der Segensformulare, der stets darauf bedacht ist, die von Gott in seiner Kirche vollbrachten Wundertaten zu entdecken, erkennen die Augen des Glaubens in den verschiedenen Abwandlungen der Liturgie das Wirken des Heiligen Geistes an, der, wie es in einer Präfation heißt, die Hirten führt:

> Es ist in Wahrheit würdig und recht ... Dich, Herr, zu preisen. Du wollest als ewiger Hirte Deine Herde nicht verlassen, sondern durch Deine hl. Apostel sie immerfort schützen und schirmen. Gib, daß jene Männer sie führen und leiten, die Du ihr gegeben hast, auf daß sie als Hirten und Vorsteher Dein Wirken fortsetzen.[1]

Diese Anerkennung des Wirkens des Heiligen Geistes korrespondiert den Anrufungen in den Gebeten der Bischofsweihe, genauer gesagt in deren Epiklese. Dort nämlich wird darum gebeten, daß der Heilige Geist auf den neuen Bischof herabkommen möge, damit er imstande sei, „die Herde Gottes zu weiden". Zum Hirtenamt gehört aber auch, daß man, der Kraft des Heiligen Geistes ver-

1 Aktuelles *Römisches Meßbuch,* Präfation von den Aposteln I (Übernahme aus dem alten *Missale romanum).*

trauend, die Einrichtungen der Ortskirche ihrer Bestimmung gemäß gestaltet, eine Bestimmung, die auf bewundernswerte Weise vom heiligen Augustinus definiert wird, wenn er mit Blick auf die Katechese empfiehlt:

> Diese Liebe (zu Gott) aber setze dir als höchstes Ziel, worauf deine ganze Rede abzielen muß, und dann halte deinen Vortrag so, daß dein Schüler durch Hören zum Glauben, durch den Glauben zur Hoffnung, durch die Hoffnung aber zur Liebe gelange.[2]

Durch den Blick des Glaubens also erkennt man, daß die Liturgie Seelsorge ist. Durch sie ruft Gott sein Volk herbei und führt es zusammen zur Kommunion mit ihm, das heißt zum Bund. Faktisch war es diese seelsorgliche Funktion, die immer wieder schöpferische Veränderungen bewirkt hat. Um sich davon zu überzeugen, genügt es, einen Blick auf die liturgischen Erneuerungen im Lauf der Geschichte zu werfen. Erinnern wir hier nur an einige Neuerungen, die die Kirche von Rom eingeführt hat: Die Entwicklung des Stationsgottesdienstes ging auf den Wunsch zurück, eine sichtbare Einheit zwischen „Basisgemeinden" herzustellen, die über ein weites und nur loses zusammenhängendes Stadtgebiet verstreut waren. Die Einrichtung jener Fastenwochen wiederum, die man Quatember nennt, scheint eine Weise gewesen zu sein, Gebräuche der Vorfahren zu christianisieren. Auch anderenorts dürften sich viele liturgische Erneuerungen daraus erklären, daß man vorchristliche lokale Bräuche gemäß dem Geist des Neuen Bundes umgestaltet hat.

Nachdem die Liturgie jedoch kodifiziert worden war und nicht mehr angetastet werden durfte, waren pastorale Neuschöpfungen nur noch außerhalb von ihr möglich und führten zu Ersatzformen wie Andachten, geistlichen Übungen oder Paraliturgien. Die Folge davon war, daß der Funktionszusammenhang der Einrichtungen aus dem Gleichgewicht geriet und die zentrale Stellung der Liturgie im christlichen Mysterium verdeckt wurde.

Heute, wo man nachkonziliarisch bemüht ist, das rechte Gleichgewicht zwischen den christlichen Einrichtungen wiederherzustellen, indem man der Liturgie den ihr zustehenden zentralen Platz zurückgibt, erlaubt uns der Blick auf die Vergangenheit, einige Lehren aus der Geschichte zu ziehen und pastorale Zu-

---

[2] Augustinus von Hippo, *Vom ersten katechetischen Unterricht,* IV, 8, *BKV,* Reihe 1, Bd. 49, München: Kösel und Pustet, 1925, S. 244.

kunftsperspektiven zu gewinnen. Eine vergleichende Untersuchung legt eine Vielzahl von Möglichkeiten nahe. Hier einige Beispiele:

– *Wiederholung oder Abwechslung in der Formulierung der liturgischen Gebete.* In jüngerer Zeit wurde die Abwechslung bevorzugt und zahlreiche Formulare wurden zur Auswahl gestellt. Umgekehrt bevorzugen Frömmigkeitsbewegungen (die auch unter jungen Leuten Anhänger finden) bestimmte repetitive Formeln: Formeln, die aus etwa fünfzehn Worten bestehen und dutzendmal wiederholt werden. Bei der Frage, was vorzuziehen ist, sollte man sowohl die liturgische Tradition berücksichten als auch neuere Ergebnisse der Humanwissenschaften, die die Kommunikationsbedingungen in einer Versammlung betreffen oder auch die Auswirkungen der beiden Praktiken auf das persönliche Memorieren der Glaubensbotschaft.

– *Gesang und Psalmodie.* Der altchristliche liturgische Gesang ist aus der Psalmodie hervorgegangen (man denke an den sogenannten gregorianischen Choral). Es waren geschmeidige Melodien, deren Rhythmus nicht starr war und es erlaubte, biblische und liturgische Texte zu vertonen. Die Übernahme moderner Melodien hingegen, mit ihren regelmäßigen, fast mechanischen Rhythmen, legt dem vertonten Text den Zwang der Melodieform auf. Daraus resultieren Werke, in denen die äußere Gestalt des Textes (mit Reimen und Versfüßen) wichtiger ist als der Inhalt, ein nicht geringes Hindernis bei der Vertonung von Bibeltexten.

– *Das christliche Vokabular und die Herstellung der Verbindung zu Gott.* In den heutigen lateinischen Kirchen entstammt das im christlichen Volk verbreitete Vokabular zu einem großen Teil der Sprache der theologischen Schulen und umfaßt zahlreiche scholastische und posttridentinische Begriffsschöpfungen. Die Sprache der Liturgie dagegen ist vor allem die der Bibel, denn was die Liturgie in erster Linie definiert, sind nicht philosophische oder theologische Begriffe (Zeichen, Riten, Symbole usw.), sondern die Heilsökonomie. Die Sprache der Liturgie dient nicht nur dem rationalen Ausdruck, sie erfüllt den Geist der Gläubigen und nährt das persönliche Gebet.

Mag die Geschichte auch die Lehrerin des Lebens sein, im christlichen Glauben erkennen wir in ihr doch zugleich die geheimnisvolle Gegenwart Gottes, der durch den Heilgen Geist sein Volk, den Christusleib, zusammenfügt und führt. Und dies vor allem in der Liturgie.

Auswahlbibliographie

Handbücher

A.-G. Martimort (Hg.), *Handbuch der Liturgiewissenschaft,* 2 Bde, Freiburg u.a.: Herder, 1963 und 195.
H. A. J. Wegman, *Geschichte der Liturgie im Westen und Osten,* Regensburg: Pustet, 1979.
A. Adam, *Grundriß Liturgie,* Freiburg u.a.: Herder, 1986.
M. Kunzler, *Die Liturgie der Kirche,* Paderborn: Bonifatius, 1995

Quellentexte

J. Beckmann, *Quellen zur Geschichte des christlichen Gottesdienstes,* Gütersloh: C. Bertelsmann, 1956.
Eine Vielzahl liturgischer Texte findet man in den Reihen:
Bibliothek der Kirchenväter, [1]1, 1869 - 80, 1888; [2]1, 1911 - 62/63, 1931, 2. Reihe: 1, 1932 - 20, 1938, und
Fontes Christiani, Freiburg u.a.: Herder, 1990 ff.

Nachschlagewerke

R. Le Gall, *Dictionnaire de liturgie,* Chambray-lès-Tours 1983.
A. Adam und R. Berger, *Pastoralliturgisches Handlexikon,* Freiburg u. a.: Herder, [5]1990.

Glossar

Allegorese: Die Allegorie besteht darin, daß man etwas sagt, um etwas anderes damit zu bezeichnen; die allegorische Auslegung der Liturgie erblickt in den Zelebranten und Riten etwas, das eine andere Wirklichkeit darstellt: Die Diakone repräsentieren die Engel, die Osterkerze stellt die Feuersäule dar, die das jüdische Volk in der Wüste führte (Ex 13,21), usw. Die Allegorese war eines der Auslegungsverfahren, von denen man in Bibel- und Liturgiekommentaren Gebrauch machte.

Anamnese: Das Gedenken an Abschnitte der Heilsgeschichte – im Alten Testament, im Leben Christi und in der Zeit der Kirche; die liturgischen Gebete umfassen gewöhnlich solche Anamnesen, und das Gedenken an die Heilstaten Gottes gibt den Mut, ihn um neue zu bitten.

Anaphora: Bezeichnung für das eucharistische Hochgebet in den orientalischen Liturgien.

Antiphonar: Sammlung, die den Text der Antiphonen (der Kehrverse von Psalmen) enthält oder, umfassender, den Text und die Melodie der liturgischen Gesänge.

Katechumenat: Vorbereitung auf die Taufe. Die Kandidaten nehmen, in Gruppen zusammengefaßt, in einem liturgischen Rahmen am Glaubensunterricht teil, und ihr Lebenswandel wird geprüft.

Diakonisse: Weibliche Helferin des Diakons, die kranke und bedürftige Frauen betreut und bei der Taufe von Frauen assistiert.

Didaskal (oder Lehrer): Laie oder Geistlicher, der in der Gemeinde für die Glaubensunterweisung zuständig ist.

Doxologie: Ehrung und Lobpreis Gottes am Ende liturgischer Gebete; zum Beispiel: „Ehre sei Gott immerdar!"

Epiklese: Anrufung innerhalb eines liturgischen Gebets, in der die Bitte um den Heiligen Geist ausgesprochen wird, sei es für eine Person, sei es um eine Sache zu heiligen: so etwa die Gaben der Eucharistie (Epiklese über Brot und Wein) oder das Wasser und das Öl der Taufe.

Euchologion: Der Ausdruck kann entweder die Gebete und Monitionen (diakonalen Aufforderungen) bezeichnen, die während der liturgischen

Feiern gesprochen werden, oder aber ein Buch, das diese Gebete und Monitionen enthält (aber ohne die Lesungen und Gesänge).

Formular: Gesamtheit der liturgischen Texte einer Messe oder einer Feier, in Abhebung von den Lesungen. Ein Meßformular beinhaltet die Gesamtheit der veränderlichen Stücke, mit denen an einem bestimmten Tag die Messe gefeiert werden soll (Formulare für die Oster- oder Epiphaniemesse, für die Messe von Peter und Paul, des heiligen Laurentius usw.).

Graduale: Kehrvers und Psalm (oder Psalmteil), die nach den Bibellesungen gesungen werden; kann auch das Buch bezeichnen, das diese Gesänge enthält.

Ikonoklasmus: Rigorose Ablehnung der Darstellung Gottes und der Heiligen (Bildersturm); die Bewegung tauchte 726 in der byzantinischen Kirche auf und erlahmte trotz des II. Konzils von Nizäa (787) erst im Jahre 843.

Liturgie: In den byzantinischen Kirchen bezeichnet der Ausdruck die Eucharistiefeier; in der römisch-katholischen Kirche wird er seit dem 19. Jahrhundert in einem weiteren Sinne verwendet und bezeichnet den christlichen Gottesdienst im ganzen.

Myron (oder Chrisam): Mit aromatischen Stoffen versetztes Öl für die Salbung nach der Taufe.

Mystagogie: Kommentar oder Interpretation der christlichen Feiern; die mystagogischen Katechesen erläuterten den Neugetauften, die zum ersten Mal an den „heiligen Mysterien" teilgenommen hatten, den Sinn der Taufe, der Chrismation (=Firmung) und der Eucharistie.

Mysterium: In der Bibel bezeichnet dieser Ausdruck den Heilsplan Gottes, der sich im Lauf der Zeit Stück für Stück enthüllt und in Christus verwirklicht hat (vgl. Eph 3,2-9). Im griechisch sprechenden Christentum, aber auch in den römischen liturgischen Gebeten wird der Plural „die heiligen Mysterien" für das benutzt, was bei den Lateinern „Sakramente" heißt. Daneben kann der Ausdruck „Mysterien" die von der Liturgie inspirierten geistlichen Schauspiele bezeichnen, die im Mittelalter aufgekommen sind.

Neophyten: Die Neugetauften, denen in der Osterwoche ein besonderer Unterricht zuteil wird, nämlich die mystagogischen Katechesen.

Offizium: Im weiteren Sinn eine liturgische Feier, im engeren Sinn die Feiern des Stundengebets.

Präsanktifikaten: „Vorher geheiligte Gaben“, das heißt Brot und Wein, die in einer früheren Messe konsekriert und dann aufbewahrt werden für eine Kommunionfeier an Tagen ohne Messe; in der Westkirche wird heute an Karfreitag keine Messe gefeiert, sondern nur eine Kommunion mit den Präsanktifikaten der Gründonnerstagsmesse. Die byzantinischen Kirchen feiern die Präsanktifikatenliturgie an Wochentagen während der Fastenzeit.

Sakramentar: Textsammlung mit den Gebeten und Aufforderungen für den Bischof, die Presbyter, den Diakon und den Akolyth, hauptsächlich in Gestalt von Meßformularen, die nach dem Jahreskreis geordnet sind.

Statio (Stationsgottesdienst): Im ersten Jahrtausend kam die Kirche von Rom – Papst, Klerus und Volk – an besonderen Feiertagen (Weihnachten, Epiphanie, Ostern, Pfingsten) und während der Fasten- und Osterzeit abwechselnd in einer der großen Basiliken oder in einer Bezirkskirche zusammen. Zu dieser „Stationskirche“, in der die liturgische Versammlung jeweils stattfand, begab man sich in einer Prozession.

Synaxis: Versammlung einer christlichen Gemeinde, insbesondere zum Zweck der gottesdienstlichen Feiern.